家ごはんをおいしくする スプーン1杯の魔法

モモ母さん

モモ母さんのワザありレシピ130

KADOKAWA

はじめに　おいしさの秘密はスプーン1杯程度のひと工夫

ふだんの献立は、メインを決めたら、副菜は和・洋を気にせず用意します。和・洋が混ざっていても、味や見た目のバランスがよければいいでしょうし、その自由さこそが、家ごはんの醍醐味だと思っています。

ただ、そんな私が一つだけ気をつけていることがあります。それは味つけのバランス。甘辛いものにはさっぱりした副菜、汁物を用意して、変化をつけます。味つけがぼんやりしていると感じたら、味を濃くするのではなく、ねぎやのり、七味といった薬味をプラスします。そのほうが、味わいも見た目もよくなるからです。

料理のおいしさって、こんな小さな工夫とひと手間によるもの。いうなれば、スプーン1杯程度のちょっとした工夫なんだなって思います。

本書には、味つけの裏ワザから食材の使いこなしまで、さまざまな小さな工夫とレシピを盛り込みました。みなさんの家ごはんづくりに役立てていただけるとうれしいです。

モモ母さん

この本のポイント

最初に、本書に掲載しているレシピの特徴や活用法を紹介します。

味つけは少し薄味 リメイクにも活かせる

食材そのものの味をおいしくいただきたいので、通常のつくり方よりも少し薄味にしています。私がアラフィフのため、健康に気をつけたいのと、薄味にしておくと残ったときにリメイクしやすいからです。たとえば、肉じゃがも薄味だと、そのままコロッケの具にできます。

定番の調味料だけで 味つけしています

「○○の素」といった、特定の料理用の調味料があります。でも、一度使ったきり、全部使いきれなかったりしませんか？　本書では定番の調味料だけでさまざまな味つけを再現しました。ただし使用する種類はちょっと多め。少しずつ組み合わせたほうが味に深みがでるからです。

基本的な和食に使える テッパンの味つけを紹介

和食の味つけは、しょうゆ、みりん、酒、砂糖、塩といった調味料のバランスで決まります。本来は料理ごとにそのバランスを変えるのですが、本書ではさまざまな和食に使える「万能和風テッパンだれ」を紹介。これさえ覚えれば、煮物に炒め物になんでも使えます。

味つけがブレなければ 他の食材でもおいしい

レシピの材料は「絶対これじゃなきゃいけない」ものではありません。最初に一度つくって要領がわかったら、別の食材でもアレンジしてみてくださいね。味つけさえしっかりしていれば、食材が変わっても大丈夫。また、カンタンに味を変えられる「手づくりだれ＆ふりかけ」レシピ（P57～）もおススメです。

「家ごはんをおいしくするスプーン1杯の魔法」目次

第1章 いつもぶれない味つけがおいしさをつくります

我が家の強い味方「万能和風テッパンだれ」を紹介します … 8

- フライパンでつくるすき煮 … 9
- かれいの煮つけ … 10
- 鶏じゃが … 10
- 豚のしょうが焼き … 12
- なすと野菜の揚げ浸し … 13

照り焼きだれの黄金比は砂糖1・みりん2・しょうゆ3 … 14

- 鶏の照り焼き丼 … 15
- 豚肉とにらのくるくる巻き … 16
- 名古屋風 鶏手羽中のから揚げ … 17

最近の市販だしは使い勝手がよく優秀 調理のひと工夫で奥深い味わいに … 18

- お揚げさんの甘煮 … 19
- 夏のおでん … 20
- 大根と豚こまの煮物 … 22
- ちくわと豚のごった煮 … 23

洋風だしはダブル使いがおススメ 味のキツさがとれてまろやかに … 24

- ひよこ豆のポタージュ … 25
- キラキラ野菜のスープ … 26

だしにも具材にもなる「干しえび」はスープに、炒め物に、大活躍します … 27

- ちんげん菜と干しえびの中華炒め … 28
- 大根のみぞれスープ … 29

コラム 定番調味料だけでつくる、鍋スープレシピ … 30
塩ベース／しょうゆベース／みそベース／トマトベース

第2章 いつもの味をワンランクアップ！ スプーン1杯の魔法

洋食のかくし味に赤ワイン＆白ワインは欠かせません … 32

- チキンのトマト煮 … 32
- でっかいミートボールシチュー … 34
- 塩ポトフ … 36
- ピクルス … 37
- ビーフシチュー … 38

ポテトサラダに小さじ1の砂糖 この甘さがおいしさの秘密でした … 40

- ポテトサラダ … 40
- コンソメ味のホットポテトサラダ … 41

知る人ぞ知るキッチンの名脇役、片栗粉 じつはこんなに使えます！ … 42

- ささみとにらの塩炒め … 43
- 豚肉とパプリカのオイスター炒め … 44
- れんこん餅 … 45
- ジャージャー麺 … 46
- 豆腐の肉みそあんかけ … 46

時短料理は手の抜きどころがポイント これが私のラクうま調理です … 48

- 煮込みハンバーグ … 48
- さといものクリームシチュー … 50
- にんじんとツナの炊飯器ピラフ … 52

第3章 リーズナブルなお肉を活用！ 肉料理のレシピ

適材適所で使いこなします　かたまり肉・薄切り肉・ひき肉は …… 60

鶏飯 …… 61
牛肉と大根のスープ スープも楽しめるバンバンジー …… 62
…… 62

コラム 味つけのワンパターンを解消するたれ＆ふりかけ …… 57

タルタルソース／玉ねぎソース／サルサソース／オーロラソース／おろしポン酢たれ／マヨごまみそだれ／梅ソース／のりマヨソース／酢みそのたれ／シーザードレッシング／すりおろしきゅうりソース／味つきかつおぶし

マリネの酸味つけは酢＋レモンでおいしくなります …… 54

ししゃものマリネ …… 55
タコときゅうり、みょうがの和風マリネ …… 55
パプリカのマリネ …… 56
サーモンマリネ …… 56

チャーシュー＆煮卵 …… 64
手羽元と丸ごとなすの煮物 …… 66
やわらかトンテキ …… 67
豚肉と厚揚げのピリ辛みそ炒め …… 68
ミラノ風カツレツ …… 69
がっつり焼肉丼 …… 70
豚バラ肉でモツ鍋風 …… 71
牛肉と新玉ねぎの洋風煮込み …… 72
チキンナゲット …… 73
鶏ひき肉と豆腐のハンバーグ …… 74
めんつゆでつくるロールキャベツ …… 76
和風そぼろごはん …… 77
煮てつくるピーマンの肉詰め …… 78
小松菜とトマトのひき肉カレー …… 80

第4章 特売品でも産地直送レベル！ 魚料理のレシピ

これだけで味わいと食感が変わります　えび、いかは火を通しすぎない …… 82

えびマヨ …… 83
いかときゅうりの中華炒め …… 84
いかの粒マスタードサラダ …… 85

魚は下処理こそ手を抜かない！ 臭みを取るだけで全然違います …… 86

あじフライカレー風味 …… 87
さばのカリカリ焼きに自家製梅ドレッシング …… 88
鮭の南蛮漬け …… 90
たらのタルタルソース焼き …… 91
さわらのホイル焼き …… 92
まぐろのステーキ …… 93
いわしの蒲焼き …… 94

第5章 あと一品ほしいときに！ 副菜＆おつまみ

ほぼ15秒あえるだけ！ …… 96

ズッキーニのひらひらサラダ …… 96
うま塩キャベツ …… 96
クリームチーズのアーモンドがけ …… 98
モロッコいんげんの黒ごまあえ …… 98
ぽりぽりきゅうり …… 98
なすのバターポン酢 …… 98
長いもキムチ …… 98
ピーマンの塩昆布あえ …… 100
ゆず茶と大根のサラダ …… 100
豆腐の玉ねぎ冷奴 …… 100

丸ごとアボカドののり納豆のせ …… 100
なめたけと枝豆のおろしあえ …… 100

● サラダ系おつまみ
きゅうりとクリームチーズの生ハム巻き
もずくとラディッシュのサラダ …… 102
豆サラダ …… 102
ほたてと大根のサラダ …… 102
白菜と柿のサラダ …… 102
長いも、きゅうり、みょうがの
コロコロサラダ …… 104
にんじんのツナラー油あえ …… 104
サーモンロール …… 104

● ちょっと加熱して完成
白菜サラダ …… 106
はんぺん焼き …… 106
アボカドのソテー …… 106
卵とちりめんじゃこのふわふわ炒り卵 …… 106
薄揚げのピリ辛みそチーズ焼き …… 108
パプリカとウインナーのオイマヨ炒め …… 108
長ねぎのごまオイスターソース漬け …… 108

コラム
お気に入りの器たち …… 110

第6章
時間がないときの強い味方
つくりおき常備菜

● 不足しがちな野菜をたっぷりと
セロリの洋風ひらひら漬け …… 112
大根の甘酢漬け …… 113
トマトのポン酢漬け …… 113
プチトマトはちみつレモン …… 113
汁も飲めるラタトゥイユ …… 114
大根の葉っぱのふりかけ …… 114
根菜の和風みそ煮 …… 115

● リメイク自在！ 肉&練り物の常備菜
牛肉のしぐれ煮 …… 116
じゃことちくわとピーマンのきんぴら …… 116
肉そぼろ …… 117
ゆで豚と野菜のつくりおきサラダ …… 117

● 基本の味つけだけで！ ナムル4種類
なすのナムル …… 118
大根のナムル …… 118
小松菜のナムル …… 119
もやしのナムル …… 119

● みんな大好き！ いも系常備菜
さつまいものそぼろ煮 …… 120
マッシュポテト …… 120

デリ風かぼちゃサラダ …… 121
揚げじゃが …… 121

おわりに …… 122
素材別 さくいん …… 123

━━━━━━━━━━━━━━━
● この本を使う前に
● 材料とつくり方は基本2人分ですが、レシピによってはつくりやすい分量で表記しています。
● 調味料は特に表記がない場合は、しょうゆは濃口しょうゆ、砂糖は上白糖、みそはお好みのみそ、バターは有塩バターを使用しています。
● 大さじ1＝15㎖、小さじ1＝5㎖、1カップ＝200㎖（いずれもすりきり量）です。
● 火加減に関して特に表記がない場合、中火で加熱してください。
● 電子レンジのワット数は、特に表記がない場合は600Wを基準にしています。ただし、メーカーや機種により違いがあるので、加熱時間は様子をみながら加減してください。また、加熱する際は、付属の説明書に従って、高温に耐えられるガラスの器やボウルを使用してください。
● オーブントースターは機種によって設定できるワット数が異なる場合があるので、掲載のワット数、時間を参考に焼き具合をみながら加減してください。

第 1 章

いつもぶれない味つけが おいしさをつくります

「和食の味つけを教えてほしい」ブログを開設した当初、よくこんな質問をいただきました。本章では和風の味つけについてご紹介します。

我が家の強い味方「万能和風テッパンだれ」を紹介します

今回本をつくるにあたり、誰でもカンタンに活用いただける「万能和風テッパンだれ」を紹介したいと思いました。これは私の母直伝の味つけをアレンジしたもの。市販の調味料だけなのに、煮物も、炒め物も味が決まります。冷蔵保存できるので、多めにつくっておくと便利ですよ。このたれをベースに、しょうがを加えて「豚のしょうが焼き」に、お酢を加えて「なすと野菜の揚げ浸し」に。紹介したレシピ以外にも、さまざまな和食に使えます。

\冷蔵保存もできる!/
万能和風テッパンだれのつくり方

材料

しょうゆ 100ml	みりん 100ml	酒 50ml	水 50ml

砂糖 大さじ5 ×5   和風だし（顆粒）小さじ2

つくり方

材料をすべて混ぜ合わせ、電子レンジで加熱する（鍋で沸騰させてもOK）。この分量を「全量」とします。
※アルコール分をとばしておくと、そのままお浸しなどのたれとしても活用できます。

フライパンでつくるすき煮

家族みんなが大好きなすき焼き。以前はコンロを出してすき焼き鍋をしていましたが、最近は、フライパンで簡単につくることも増えました

万能和風テッパンだれ

材料（2人分）

牛すき焼き肉 …… 300g
焼き豆腐 …… 1/2丁
春菊 …… 1束
しめじ …… 1/2パック
長ねぎ …… 1本
玉ねぎ …… 1/2個
糸こんにゃく …… 1/2袋
万能和風テッパンだれ
（P8参照）…… 200ml
卵 …… 2個

つくり方

1. 豆腐は3〜4cmの角切り、春菊は根を落として半分の長さに切る。しめじは小房に分け、長ねぎは1cm厚さの斜め切り、玉ねぎは1cm幅のくし切りにする。糸こんにゃくは適当な長さに切る。
2. フライパンに万能和風テッパンだれを入れて中火にかけ、沸騰したら牛肉を入れる。牛肉の色が変わったら、他の材料も加えて煮込む。
3. 溶き卵をつけていただく。

味つけはテッパンだれだけ
濃い味が好きな方は、途中で味をみながら砂糖やしょうゆを足してくださいね。コンロを出して本格的にすき焼きをするときも、このテッパンだれを使います。

鶏じゃが

豚でもなく、牛でもなく、鶏！
定番の肉じゃがを鶏肉でヘルシーに仕上げました

(万能和風テッパンだれ)

材料（2人分）

じゃがいも（あれば新じゃがいも）
　……2個
鶏もも肉……1/2枚
玉ねぎ……1個
にんじん……1/2本
ごま油……大さじ1
万能和風テッパンだれ
（P8参照）……100ml
水……100ml
いんげん（もしくは、ししとう）
　……4本

つくり方

1. じゃがいも、玉ねぎ、にんじんは皮をむいて大きめのひと口大に切る。鶏肉もひと口大に切る。
2. 鍋にごま油をひき1を中火で炒める。鶏肉の色が変わったら、万能和風テッパンだれと水を加えて弱火で20分ほど煮込む。
3. いんげん（もしくは、ししとう）を加え、煮汁が1/3くらいに減って、全体に照りがでたら火を止める。

食材を炒めておく
煮込む前にごま油で炒めてコクをアップ。とはいえ鶏肉なので、全体的にヘルシーですよ。

煮魚の場合は、調味料の分量を変えて

万能和風テッパンだれは魚の煮つけにも便利。ただし魚の臭みを抑えるために、おろししょうがを入れてくださいね。

必ず味が決まる 煮魚だれ

材料（切り身3〜4切れ用）
水……200ml
酒……50ml
砂糖……大さじ3
みりん……大さじ3
しょうゆ……大さじ4
しょうが（すりおろし）
　……小さじ1

混ぜるとだいたい400ml弱のたれができます。この分量を「全量」とします。

かれいの煮つけ

材料
かれい（切り身）……2切れ
必ず味が決まる煮魚だれ
　……200〜300ml

つくり方

1. 鍋に「必ず味が決まる煮魚だれ」を入れて中火にかけ、沸騰したら切り身を静かに入れる。
2. ふたをして弱火〜中火で煮る。煮汁が1/3くらいになったら火を止める。

豚のしょうが焼き

万能和風テッパンだれを炒め物に活用。定番の豚のしょうが焼きをつくってみました。こんがりと色づいた豚肉が食欲をそそります

万能和風
テッパンだれ
＋しょうが

材料（2人分）

豚ロース肉（もしくは、豚こま肉）…… 200g
塩・こしょう …… 少々
片栗粉 …… 大さじ1
サラダ油 …… 小さじ1
万能和風テッパンだれ
（P8参照）…… 大さじ5
しょうが（すりおろし）
　…… 小さじ1/2

つくり方

1. 豚肉に軽く塩・こしょうをし、薄く片栗粉をまぶす。
2. フライパンを熱して油をひき、豚肉を炒める。
3. 豚肉にこんがり焼きめがついたら、万能和風テッパンだれとしょうがを加え、煮からめる。

Memo　油はひきすぎない
豚肉から脂がでるので、焼くときに油はひきすぎないように。たれを煮からめるように焼いてくださいね。

なすと野菜の揚げ浸し

万能和風テッパンだれに酢を加えた甘辛の酸っぱいたれで、野菜をたっぷりいただけます

万能和風テッパンだれ ＋酢

材料（2人分）

なす …… 2本
かぼちゃ …… 1/8個
パプリカ …… 1/2個
鷹の爪 …… 1本（あれば）
揚げ油 …… 適量
ししとう …… 6本
万能和風テッパンだれ
（P8参照）…… 100ml
酢 …… 大さじ2

つくり方

1. なすはヘタを落として縦半分に切り、皮に細かく切り込みを入れる。かぼちゃは1cm幅のくし切り、パプリカも1cm幅のくし切りにする。鷹の爪は種を取り除いて輪切りにする。
2. 揚げ鍋に油を熱し、1で切った野菜とししとうを素揚げする。
3. 別の鍋に万能和風テッパンだれと酢、鷹の爪を混ぜ合わせて火にかけ、沸騰したら2の野菜を入れる。粗熱が取れたら保存容器に移し、30分ほど置いてからいただく。

Memo なすには切り込みを入れて
切り込みを入れるとたれがよくしみ込みます。酸味が強いほうがお好みの場合は、酢を大さじ3入れてもOKです。

照り焼きだれの黄金比は砂糖1・みりん2・しょうゆ3

大人も子どもも、みんな大好きな「照り焼き味」。しょうゆと砂糖の甘みのバランスがポイントになる料理ですが、たれさえつくっておけば毎回ブレない味つけができますし、焼いてたれをからめるだけなので調理もカンタン！ しっかりした味つけなので、冷めてもおいしく、お弁当のおかずにもぴったりですよ。

最初からたれを入れると焦げついたり、煮詰まりすぎて味が濃くなったりするので、最後に入れてサッとからめながら焼くのがコツです。

＼比率を覚えるだけ／
基本の照り焼きだれ

材料

砂糖 大さじ1

みりん 大さじ2

しょうゆ 大さじ3

つくり方

すべて混ぜるだけ。これを「全量」とします。ただし、お弁当のおかず用に少しだけ使いたい場合は、小さじで量ってもOK。比率さえ合っていればおいしくできます。

鶏の照り焼き丼

照り焼きといえばやっぱりこれ！
鶏肉はふたをして弱火で焼き、ふっくらやわらかく仕上げます

材料（2人分）

鶏のもも肉 …… 大1枚
基本の照り焼きだれ
（P14参照）…… 大さじ3
なす …… 1本
パプリカ …… 1/2個
塩・こしょう …… 少々
ごはん …… 2杯分
青ねぎ(小口切り) …… 適量(あれば)

鶏肉は皮から焼く
皮から焼くとたっぷり鶏油がでてきます。その油で野菜を焼くとおいしいですよ。フライパンに残ったたれをまんべんなくかけるので、野菜の味つけは塩・こしょうだけでOK。

つくり方

1. 鶏肉に切れ目を入れて厚さを均等にする。なすは横半分に切ってから縦十字に切り、パプリカは1cm幅の細切りにする。
2. フライパンを中火で熱し、油をひかずに鶏肉を皮から焼く。ふたをして弱火〜中火で3分ほど焼き、裏返してさらに3分焼いたら鶏肉をいったん取り出す。同じフライパンでなす、パプリカを焼き、しんなりしたら塩・こしょうで味つけする。
3. 鶏肉をフライパンに戻し、基本の照り焼きだれを入れてトロッとするまで煮からめる。少したれが残っている状態で火を止める。
4. 鶏肉をひと口大に切って、ごはんを盛ったどんぶりに野菜とともに盛りつける。その上からフライパンに残ったたれをかけ、あれば小口切りにした青ねぎをのせる。

豚肉とにらのくるくる巻き

噛むと野菜の味がジュワ～ッとしみ出し、たれと調和します。
盛りつけるときは、半分に切って断面を見せるのがおススメです

基本の
照り焼きだれ
＋しょうが

材料（2人分）

にら …… 1束
豚肉もも薄切り …… 200g
塩・こしょう …… 少々
片栗粉 …… 少々
サラダ油 …… 小さじ2
基本の照り焼きだれ
（P14参照）…… 大さじ2
しょうが（すりおろし）
　…… 小さじ1/2

つくり方

1. にら1/2束分を4等分に切り、豚肉で巻いて肉巻きを4個つくり、塩・こしょうをして片栗粉をまぶす。残りのにらも同様に豚肉で巻く。
2. フライパンに油を熱し、巻き終わりを下にして焼く。ふたをして中まで火を通し、時々返しながら全体をこんがりと焼く。
3. 中まで火が通ったら弱火にして、基本の照り焼きだれとすりおろしたしょうがを入れ、照りがでるまで少し炒める。

 **にらは切らずに豚肉を巻いても**
にらは束のままの状態で豚肉1枚をくるくると巻き、終わったら包丁でにらごと切ってもきれいです。

16

名古屋風 鶏手羽中のから揚げ

名古屋名物の手羽のから揚げを照り焼きだれで再現しました。
黒こしょうをたっぷりきかせて召し上がれ

基本の
照り焼きだれ
＋にんにく

材料（2人分）

- 鶏手羽中 …… 10〜12本
- 小麦粉 …… 適量
- 揚げ油 …… 適量
- 基本の照り焼きだれ
 （P14参照）…… 全量
- にんにく（すりおろし）
 …… 小さじ1/2
- 黒こしょう …… 少々
- いりごま …… 少々

つくり方

1. 鶏手羽中に小麦粉を薄くはたき、180℃に熱した油で揚げる。いったん取り出して油を200℃に熱し、2度揚げする。
2. 基本の照り焼きだれにすりおろしたにんにくを入れ、そこに1を漬け、味をしみ込ませてから盛りつける。
3. 黒こしょうといりごまをかけていただく。

Memo　黒こしょうはたっぷりかける
甘辛の照り焼きだれには、スパイシーな黒こしょうがよく合います。食べる直前にたっぷりかけてくださいね。

最近の市販だしは使い勝手がよく優秀
調理のひと工夫で奥深い味わいに

だしの味がしっかりしみ込んだ大根に、お揚げさん……関西という土地柄のせいか、だしを味わう料理が大好きです。

ふだんは昆布とかつお節でだしをとっていますが、最近は市販品も活用しています。インスタントとは思えない、味わいに深みがある商品も増えてきていますし、パックになっているタイプは、使い勝手もいい！

市販だしを使うときは、食材にひと手間加えることをおススメします。

たとえば、野菜の煮物なら、煮る前にいったん油で炒めるようにします。食材をそのままだしに入れて煮込むより、ずっとコクがでて、仕上がりも深い味わいになるんです。

お肉や練り物など、うま味がでやすい食材の場合も同様です。

ちなみに油揚げを煮るときは、だしがよくしみ込むように、しっかりと油抜きしてくださいね。

お揚げさんの甘煮

ひと口かむと、口の中に広がる甘くてやさしいおだしの味。
関西ではお揚げさんの甘煮をお酒のつまみにする人も多いんですよ

材料（2人分）

油揚げ …… 4枚
A 水 …… 200ml
　和風だし（顆粒）
　　…… 小さじ1
　砂糖 …… 大さじ3
　酒 …… 大さじ1
　しょうゆ …… 大さじ2

つくり方

1. 油揚げはざるの上で熱湯をかけて油抜きをし、水分をしっかりしぼって半分の長さに切る。
2. 鍋にAを入れて火にかけ、沸騰したら油揚げを入れて弱火で煮る。時々返しながら全体に味をしみ込ませ、少し汁が残っているくらいまで煮詰めたら、火を止めてそのまま冷ます。

油揚げは油抜きする
油を抜いたほうが、しっかりだしがしみ込みます。沸騰したお湯に入れてしばらく煮たほうが、しっかり油が抜けるのでオススメ。その際は、お湯を捨てた後、木べらなどで油揚げを押さえてしっかり水分を抜いてください。

夏のおでん

冷やしていただく、だしも飲み干せるおでんです。しょうがじょうゆを
おだしで薄め、具材を浸しながら食べてもおいしいですよ

材料（4人分）

さつまいも …… 1本
冬瓜 …… 1/4個
ちくわ …… 4本
厚揚げ …… 1枚
練り物（好みのものを）
　…… 2個
トマト …… 2個
オクラ …… 6本
A　水 …… 約1500ml
　和風だし（顆粒） …… 大さじ1
　酒 …… 大さじ3
　しょうゆ …… 大さじ3
ゆで卵 …… 4個

つけだれ用
　しょうが（すりおろし）
　　…… お好みの量
　しょうゆ …… お好みの量
　おでんの汁 …… お好みの量

つくり方

1. さつまいもは皮をよく洗い、皮ごと6〜7cm大の乱切りに、冬瓜は皮をむいて種を取り除き、大きめのひと口大に切る。厚揚げは斜め半分に切る。トマトは湯むきする。オクラはガクを取り除く。
2. 鍋にAを入れ、煮立ったらトマト以外の具材を加え、30分煮込む。
3. トマトを加えて火を止め、そのまま自然に冷ます。小皿におでんの汁を入れ、しょうゆとおろししょうがを入れて、具をつけながらいただく。

練り物を入れてコクを出す
具材を選ばないだしなので、野菜をたっぷり入れて、野菜の煮びたし風にしてもいいと思います。個人的には練り物をたっぷり入れたコクのあるタイプが好きです。

大根と豚こまの煮物

甘めの味つけが多い我が家ですが、このレシピには煮汁に砂糖を入れず大根の甘みを堪能します。炒め煮にするのがポイントです

材料（2人分）

大根 …… 1/3本
豚こま肉 …… 100〜150g
ごま油 …… 大さじ1
A 水 …… 200ml
　和風だし（顆粒）…… 小さじ1
　酒 …… 大さじ1
　しょうゆ …… 大さじ2
　みりん …… 大さじ2

つくり方

1. 大根は皮をむいて1.5cm厚さの半月切りにする。
2. フライパンにごま油を熱し、豚肉を炒める。豚肉の色が変わったら、大根も加えて炒める。
3. 大根に油がまわったらAを加え、汁がほとんどなくなるまで煮込む。

 **Memo 大根を電子レンジで加熱する**
大根は調理する前に電子レンジで半透明になるまで加熱しておきます。早く煮えるだけでなく、味のしみ込みがよくなりますよ。

ちくわのごった煮

冷蔵庫で4日間くらい日持ちしますが、いつもその前に完食してしまう(笑)、我が家の人気メニューです

材料(2人分)

こんにゃく …… 1枚
鶏もも肉 …… 1枚
ちくわ …… 4本
厚揚げ …… 1枚
にんじん …… 1/2本
いんげん …… 10本
ごま油 …… 小さじ2
A 水 …… 200ml
　和風だし(顆粒)
　　…… 小さじ1
　砂糖 …… 大さじ2
　酒 …… 大さじ2
　しょうゆ …… 大さじ2〜3
　みりん …… 大さじ1

つくり方

1 こんにゃくは4mm厚さの短冊切りにする。中央に切り込みを入れ、片方の端をその中に通し「手綱結び」にし、フライパンで下ゆでして水けをきる。鶏肉、厚揚げはひと口大に、ちくわは大きめの乱切り、にんじんは皮をむいて大きめの乱切りにする。

2 鍋にごま油を熱し、こんにゃくと鶏肉、にんじんを炒める。鶏肉の色が変わったら、*1*のいんげん以外の材料も入れて炒める。

3 Aを加えて沸騰させたら、弱火〜中火で煮汁が少しになるまで煮る。

4 いんげんは下ゆでして半分に切り、*3*に加えて軽く混ぜ合わせる。

 **Memo いんげんは最後に入れる**
煮込みすぎると色が変わるので、軽くゆでたものを最後に混ぜ合わせます。鮮やかなグリーンがワンポイントになりますよ。

洋風だしはダブル使いがおススメ
味のキツさがとれてまろやかに

市販の洋風だしといえば、コンソメや鶏ガラスープなどが一般的でしょうか。我が家でもスープやピラフなど、おもに洋食をつくるときに使ったりしています。

私は、一つの調味料で味つけするより、たくさんの種類を少しずつ使って味つけしたほうが、おいしくなると思っています。おいしさの層が何層にもなって、単調にならないのです。

そんな理由もあって、私のレシピはわりと調味料をたくさん使っているところがあります。

洋風だしもコンソメと鶏ガラスープのダブル使いをしてみてください。

たとえば次のページに紹介する「ひよこ豆のポタージュ」は、豆本来の味を堪能できるものの、コンソメだけでつくるとスープの味が少しキツく感じられました。そこで、鶏ガラスープを加えたところ、とてもマイルドに仕上がり、より豆の味が際立ったのです。

コンソメと鶏ガラスープは、1対1のバランスがおススメです。

24

ひよこ豆のポタージュ

ひよこ豆本来の風味が味わえるシンプルな一品。
トロッとしたのどごしもおいしいスープです

材料（2人分）

ひよこ豆水煮缶
　……1缶（約400g）
（飾り用に6個とっておく）
玉ねぎ……1/4個
バター……10g
A 水……200ml
　固形コンソメ……1個
　鶏ガラスープ（顆粒）
　　……小さじ1
牛乳……200ml
塩・こしょう……少々

つくり方

1. 水煮缶はザルにあけ、水をきっておく。
2. 玉ねぎは薄切りにする。熱した鍋にバターを入れ玉ねぎと*1*を炒め、**A**を入れて10分煮て火を止める。冷めたらミキサーにかける。
3. *2*を鍋に移し、牛乳を加えて沸騰寸前に止める。塩・こしょうで味をととのえる。器に盛り、飾り用のひよこ豆を浮かべる。

水煮缶を使うとラクチン
ひよこ豆の水煮は、そのままカレーの具にしたり、細かくつぶしてマヨネーズであえてパンにのせたり、いろいろ使えます。

キラキラ野菜のスープ

おもてなしの席でテーブルに出すと、歓声があがるスープ。
パプリカの甘みやセロリのさわやかさがアクセントになっています

材料（2人分）
パプリカ黄、赤 …… 各1/2個
セロリ …… 1/3本
トマト …… 1/2個
A 水 …… 800ml
　固形コンソメ …… 1個
　鶏ガラスープ（顆粒）
　　…… 小さじ2
　塩・こしょう …… 少々
黒こしょう …… 適量

つくり方
1. パプリカとセロリは1cm角のさいの目切りにする。トマトは湯むきして種を取ってから角切りにする。
2. Aを鍋に入れて煮立たせてから1のパプリカとセロリを入れ、中火にして5分ほど煮る。火を消す前にトマトを入れる。
3. 黒こしょうをふっていただく。

Memo　あまり煮込みすぎない
野菜の彩りを損なうので、あまり煮込みすぎないようにしてくださいね。冷やしてもおいしくいただけます。

だしにも具材にもなる「干しえび」はスープに、炒め物に、大活躍します

ふだんの料理に干しえびって使いますか？ 干しえびといっても、お好み焼きに入れる「桜えび」ではなく、中華食材売り場で見かける身に厚みがある「干しえび」のこと。干しえびを少し入れるだけで、濃いだしがでて、料理の味が決まるので助かっています。

とくに中華料理は、味の決め手になるといっていいほどです。

干しえびはいったん水で戻してから使います。常温で3〜4時間ぐらい浸すとうま味がしっかり引き出されていいのですが、時間がない場合はお湯で戻すと早いです。私は使うことが決まっている場合は、前の晩から水に浸しておき、冷蔵庫へ入れておきます。

しっかり戻すと、思いのほか身がプリプリになるので、具材としても使えます。

炒め物にする場合は、戻した汁も活用しましょう。濃いだしがでているので、片栗粉を入れて、とろみづけするのがおススメです。便利な干しえびを、気軽に使ってみてくださいね。

ちんげん菜と干しえびの中華炒め

ちんげん菜は大ぶりに切って、しゃきしゃきとした歯触りを堪能。
干しエビを具材として味わう炒め物です

材料（2人分）

ちんげん菜 …… 2株
干しえび …… 1つまみ
水 …… 80ml
ごま油 …… 小さじ3
A 酒 …… 大さじ1
　中華風だし（顆粒）
　　 …… 小さじ1
　　（鶏ガラ顆粒でもOK）
　しょうゆ …… 小さじ1
片栗粉 …… 小さじ1

つくり方

1. ちんげん菜は縦4等分に割り、5cm長さに切る。干しえびは水に浸して戻し、戻した水はとっておく。
2. フライパンにごま油小さじ2を熱し、ちんげん菜と干しえびを炒める。ややしんなりしたら、えびを戻した水50mlとAを入れる。
3. えびを戻した水の残り小さじ2、に片栗粉を溶いてフライパンにかけ、残りのごま油小さじ1を回しかける。

Memo　えびの戻し汁もムダにしません
干しえびを戻した汁は、水溶き片栗粉に使いましょう。濃いだしがでているので捨てるともったいないですよ！

大根のみぞれスープ

すりおろした大根と片栗粉のトロ〜ッとしたのどごし。
えびのうま味をギュ〜ッと閉じ込めた我が家の大人気スープです

材料（2人分）

水 …… 600ml
干しえび …… 1つかみ
大根 …… 10cm
中華風だし（顆粒）
　　…… 大さじ1
塩・こしょう …… 適量
A　片栗粉 …… 大さじ1
　　水 …… 大さじ2

つくり方

1. 鍋に水と干しえびを入れ、常温で3〜4時間置いてだしをとる。大根は皮をむいてすりおろしておく。
2. 鍋をそのまま火にかけて、沸騰したら中華風だし、大根のすりおろしを汁ごと入れて煮る。
3. **A**を混ぜ合わせたものを回し入れて、とろみをつける。塩・こしょう少々で味をととのえる。

干しえびはお湯で戻すと時短
スープの中で戻りそうなものですが、使う前にしっかり戻して、うま味を引き出したほうが断然おいしいです。

> コラム

定番調味料だけでつくる、鍋スープレシピ

野菜やお肉を切って入れるだけのお鍋は、忙しいときのお助けメニュー。とはいえ、いつも同じ味だと飽きてしまいますよね。そこで我が家では4種類の鍋スープで楽しんでいます。つくり方はすべての材料を入れて火にかけるだけ。具材は好きなものを入れてくださいね。

塩ベース

材料（4人分）
水 800ml、酒 50ml、だし昆布 5cm、和風だし（顆粒）小さじ1、鶏ガラスープ（顆粒）小さじ1、塩 小さじ2、こしょう 少々

おススメの具材
鶏モモ肉、つくね、白菜、ニンジン、大根、しいたけやえのき、長ねぎ、豆腐、薄揚げ、など。

Memo 塩ベース鍋にすりおろした大根を入れるとみぞれ鍋になります。最初は塩ベースで食べて、途中からみぞれ鍋にするのもおススメです。

しょうゆベース

材料（4人分）
だし汁 800ml（昆布とかつおぶしでとっただし）、鶏ガラスープ（顆粒）大さじ2、しょうゆ 60〜80ml（濃さはお好みで調整）、酒 大さじ3、みりん 大さじ2、砂糖 小さじ1、しょうが（すりおろし）小さじ1、にんにく（すりおろし）小さじ1

おススメの具材
モツ、キャベツ、にら、もやし、油揚げ、など。

Memo すりおろしたやまいもを入れると、とろろ鍋に。また、カレールーを入れるとお蕎麦屋さんのカレーのようになります。カレー鍋やカレーうどんの汁にしてもおいしいですよ。

みそベース

材料（4人分）
水 1ℓ、中華スープ（顆粒）大さじ2、みそ 大さじ5、酒大さじ3、しょうゆ大さじ2、みりん大さじ2、コチュジャン大さじ3、しょうが（すりおろし）小さじ1、にんにく（すりおろし）小さじ2、ごま油小さじ1、豆板醤小さじ1（お好みで）

おススメの具材
豚バラ、水餃子、豆腐、油揚げ、えのき、白菜、白ねぎ、もやし、にら、など。

Memo キムチを入れると、キムチ鍋に変身します。さらに、豆腐を入れてスンドゥブ風にしていただくのもおススメです。

トマトベース

材料（4人分）
水煮トマト 1缶、水 600ml、コンソメ 3個、白ワイン 50ml、ケチャップ 大さじ3、ウスターソース 大さじ1、にんにく（すりおろし）小さじ1、オリーブオイル 大さじ1、塩・こしょう 少々

おススメの具材
ウインナー、豚肉、いか、あさりなどの魚介類、きのこ類、玉ねぎ、キャベツ、ブロッコリー、プチトマト、など。

Memo プチトマトを入れるとフレッシュな味になります。シメはパスタやごはんにチーズを入れて、チーズパスタやトマトチーズリゾットにしていただきます。

第2章

いつもの味をワンランクアップ！スプーン1杯の魔法

ワインに砂糖、レモン汁…ちょっと加えるだけでひと味変わる調味料があります。本章ではその使い方をご紹介します。

チキンのトマト煮

白ワインのさわやかな酸味が
トマトのうま味を引き締めます

材料（2人分）

鶏もも肉 …… 2枚	
塩・こしょう …… 少々	
小麦粉 …… 適量	
玉ねぎ …… 1個	
ピーマン …… 3個	
しめじ …… 1/2袋	
にんにく …… 2かけ	

A
- トマト水煮缶 …… 400g（1缶）
- 水 …… 100ml
- 固形コンソメ …… 2個
- ウスターソース …… 大さじ1～2
- ケチャップ …… 大さじ1
- 砂糖 …… 小さじ1
- 白ワイン …… 大さじ3

牛乳 …… 50ml
パセリ、粉チーズ …… 適量

つくり方

1 鶏もも肉は食べやすい大きさに切って塩・こしょうし、小麦粉を薄くまぶす。玉ねぎはくし切り、にんにくは薄くスライス、ピーマンは縦4等分に割り、種を取り除く。しめじは石づきを取って小房に分ける。

2 熱したフライパンにオリーブオイルをひき、鶏肉を焼く。両面に焼き目がついたら取り出し、煮込む鍋に移す。

3 *2*のフライパンでにんにくと野菜を加えて軽く炒め、鍋に移す。

4 鍋に**A**を入れて弱火で水分が1/3くらいになるまで煮込む。仕上げに牛乳を入れ、器に盛ってパセリと粉チーズをふる。

Memo：牛乳がマイルドなコクになる

牛乳を加えることでサラッとした煮汁に。我が家では生クリーム代わりに使っています。マイルドなやわらかチキンはパンにもごはんにも合います。

洋食のかくし味に赤ワイン&白ワインは欠かせません

我が家では洋食のかくし味にワインをよく使います。赤ワインは牛肉系の料理にたっぷりと。白ワインは魚介類と合わせてもいいですし、じつはトマトと相性抜群。安いワインでもいいので少し加えるだけでおいしくなりますよ。

でっかいミートボールシチュー

ミートボールは直径4cmサイズがイメージ。
インパクトのあるボリュームたっぷりの一品です

材料（4人分）

A
- ひき肉 …… 300g（合びき）
- 玉ねぎ …… 1/2個
- パン粉 …… 大さじ4
- 卵 …… 1個
- 牛乳 …… 大さじ2
- 塩 …… 小さじ1/2
- こしょう …… 少々

B
- トマト水煮缶 …… 1缶
- 水 …… 200ml
- コンソメ顆粒 …… 大さじ1
- ウスターソース …… 大さじ2
- ケチャップ …… 大さじ1/2
- 白ワイン …… 大さじ2
- ローリエ …… 1枚

- サラダ油 …… 小さじ2
- にんにく（スライス） …… ひとかけ
- ピーマン …… 3個
- パプリカ …… 1/2個
- 玉ねぎ …… 1個
- 粉チーズ …… 好きなだけ

つくり方

1. ピーマン、パプリカは1cm幅に切り、玉ねぎ1個はくし切りにする。
2. **A**の玉ねぎ1/2個はみじん切りにし、**A**の他の材料と合わせて、全体をしっかり練る。10等分に丸め、小麦粉を薄くまぶしておく。
3. 鍋にサラダ油を熱してスライスしたにんにくを炒める。香りがしてきたら、1を入れて一緒に炒める。
4. 3の鍋に**B**を加えて煮立たせ、2のミートボールを入れる。時々ミートボールを返しながら、20分程度煮込む。

> **Memo　小麦粉は薄くつける**
> 小麦粉はミートボールが型崩れするのを防いでくれます。さらに、スープに小麦粉が溶けだし、ほどよいとろみをつけてくれる効果もあります。

自家製トマトソースにも白ワインをプラス

生のトマトがたくさんあるときは、トマトソースも手づくりしています。

材料（4人分）
- トマト …… 大5個
- 玉ねぎ …… 1/2個
- にんにく …… 1かけ
- オリーブオイル …… 大さじ1

A
- 白ワイン …… 大さじ2
- コンソメ …… 1個
- ローリエ …… 1枚

- 塩 …… 小さじ1/3〜1/2
- はちみつ …… 小さじ1/2

つくり方

1. トマトは湯むきしてざく切りに、玉ねぎとにんにくはみじん切りにする。
2. フライパンにオリーブオイルを熱し、玉ねぎとにんにくを焦がさないように炒める。玉ねぎが透き通ったらトマトを加え、**A**を入れて弱火から中火で煮込む。
3. はちみつと塩を加え、途中でかき混ぜながら水分が半分くらいになるまで煮込む。

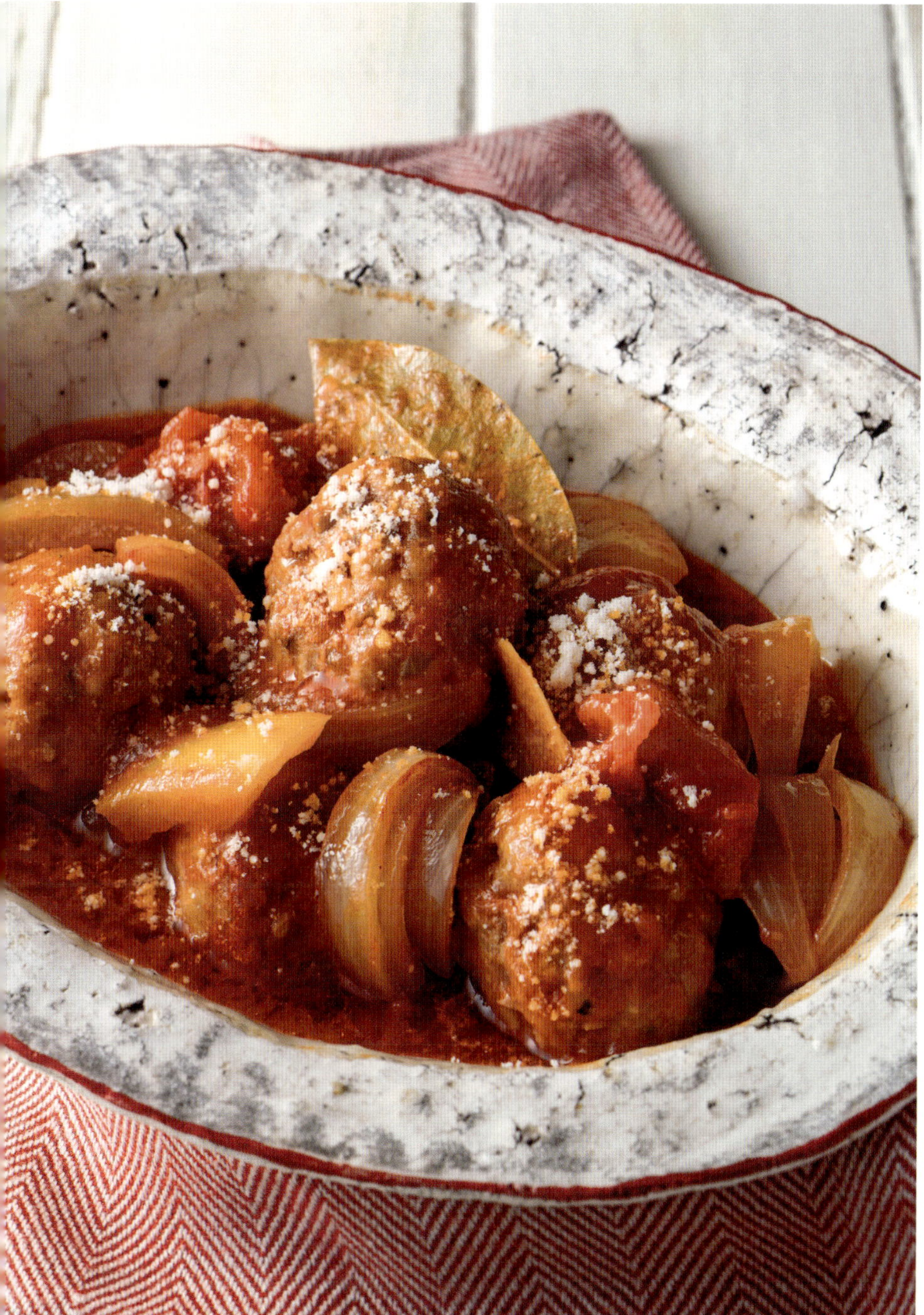

塩ポトフ

ベースの味は塩だけなんて信じられない絶品スープ。
野菜のうま味がギュッと濃縮されていますよ！

材料（4人分）

A にんじん …… 1本
　玉ねぎ …… 2個
　さつまいも …… 中2本
　キャベツ …… 小1/2個
　にんにく …… 1かけ
　ウインナー …… 8本
　水 …… 1500ml
　白ワイン …… 100ml
　ローリエ …… 1枚
　塩 …… 小さじ3
ズッキーニ …… 1本
セロリ …… 1本
黒こしょう …… 少々
粉チーズ …… 少々

つくり方

1. にんじんは皮をむいて縦半分に切り、さらに横半分に切る。玉ねぎは縦半分、さつまいもは横に3等分、キャベツはくし切りに4等分、にんにくはスライス、ズッキーニは8等分の輪切りにする。セロリは茎のすじを取り除き、縦半分に割ってさらに横3等分に切る。葉はとっておく。
2. 鍋にAを入れ、ふたをして30分煮る。塩は一度に入れず、途中で味をみながら加えていく。
3. 30分したら火を止め、ズッキーニ、セロリの茎・葉を入れ、10分煮る。
4. 器に盛り、黒こしょうと粉チーズをかけていただく。

Memo　野菜は大きめに切る

野菜が煮崩れするとせっかくのスープが濁ってしまいますよ。野菜は大きめに切って、うま味をじっくり引き出しましょう。

ピクルス

ピクルスに白ワインはありそうでなかった組み合わせ。
酸味がまろやかになり、サラダ感覚で食べられます

材料（2人分）

にんじん …… 1/4本
かぶ …… 中1/2個
きゅうり …… 1/2本
パプリカ（黄）…… 1/2個
ズッキーニ …… 1/2本
A 酢 …… 100ml
　砂糖 …… 大さじ4
　塩 …… 大さじ1/2
　白ワイン …… 大さじ3

つくり方

1 にんじんは皮をむいて5mm厚さの半月切り、かぶは皮をむいて縦に8等分、きゅうりはヘタを切って半分の長さに切ってから縦十字に切る。パプリカは1cm厚さの細切り、ズッキーニは1cm厚さの輪切りにする。

2 Aを耐熱容器に入れて、電子レンジで2〜3分加熱してアルコールをとばし、1の野菜を一晩漬け込む。

Memo アルコールをとばして使う

ピクルス液は電子レンジで加熱し白ワインのアルコール分をとばします。鍋で沸騰させてもOKです。砂糖もちゃんと溶けますよ。

ビーフシチュー

牛肉がホロホロになるまでじっくり煮込んだ格別の味！
我が家ではデミグラスソースとたっぷりの赤ワインを使います

材料（4人分）

牛肉（シチュー用）…… 600g
玉ねぎ …… 1と1/2個
にんじん …… 1本
バター（炒め用）…… 10g
塩・こしょう …… 少々
A 水 …… 400ml
　赤ワイン …… 200ml
　コンソメ …… 1個
野菜ジュース …… 100ml
デミグラスソース …… 1缶
ローレル …… 2枚（あれば）
ビーフシチューのルー …… 4かけ
ケチャップ …… 大さじ1
ウスターソース …… 小さじ1
バター …… 5g

つくり方

1 牛肉は6〜7cmほどの大きさに切る。玉ねぎはくし切り、にんじんは皮をむいて乱切りにする。

2 フライパンにバター10gを熱し、大きめに切った牛肉を軽く焦げ目がつくまで炒め、塩・こしょうをする。牛肉は圧力鍋へ移し、同じフライパンで玉ねぎとにんじんも炒めて油がまわったら圧力鍋に移す。

3 圧力鍋に**A**を入れ、沸騰させてアルコールをとばす。沸騰したら浮いてきたアクを取る。

4 野菜ジュース、デミグラスソース、あればローレル2枚入れて圧力を15分かけて煮る。

5 火を止めて圧力がぬけたらふたをあけて、浮いている脂をていねいに取る。

6 5を中火に近い弱火にかけ、ルーを入れて溶かす。味をみながらケチャップ、ウスターソースを加える。そのままとろみがつくまで煮詰める。

7 とろみがついたらバター5gを入れて火を止める。ゆでたブロッコリーやいんげん（ともに分量外）などをそえていただく。

> **Memo**
> **市販のルーを少し加える**
> 基本的にはデミグラスソースで仕上げますが、ルーを入れると程よいとろみがついてよりおいしくなります。

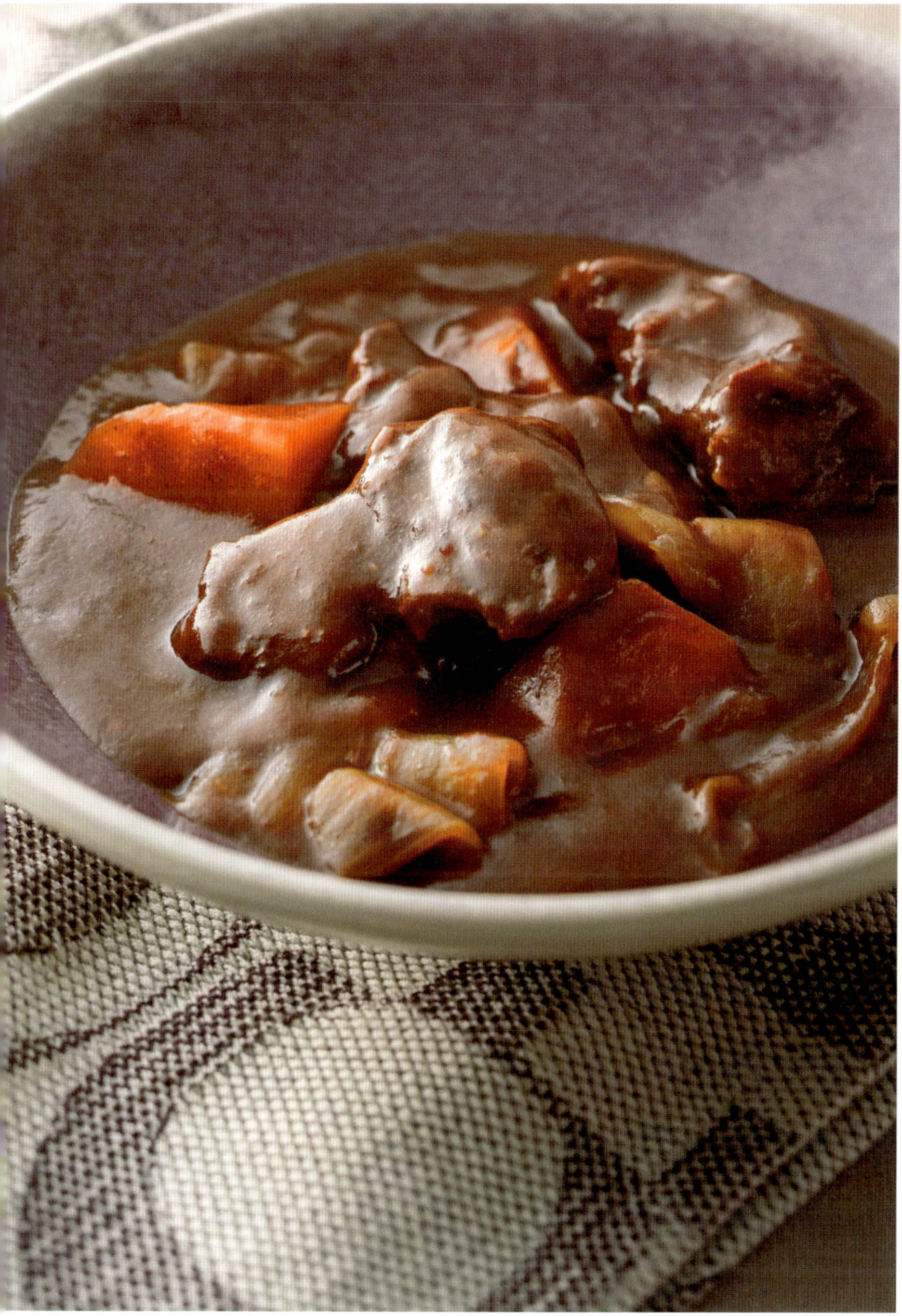

ポテトサラダに小さじ1の砂糖
この甘さがおいしさの秘密でした

ポテトサラダってマヨネーズと塩・こしょうで味をつけるだけ。でも意外とこういうシンプルな料理ほど、奥が深かったりしますよね。これからは小さじ1の砂糖を加えてみてください。味がまろやかになって奥行きがでますよ。

ポテトサラダ

酸味がおだやかな和みの味。
きっと何回でも食べたくなりますよ

材料（2人分）

じゃがいも …… 4個	塩・こしょう …… 少々
きゅうり …… 1本	コーン …… 1缶（180〜190g）
ハム …… 4枚	
砂糖 …… 小さじ1	
マヨネーズ …… 大さじ6〜	

つくり方

1. じゃがいもは洗ってラップに包み、電子レンジで8〜10分加熱、菜箸が通りにくいようなら、さらに1〜2分加熱する。熱いうちに皮をむいてつぶす。
2. きゅうりは薄い輪切りにし、塩をひとつまみ（分量外）まぶし、水分がでてきたらしぼっておく。ハムは短冊切りにする。
3. *1*のじゃがいもに、*2*の具材と調味料、コーン缶を混ぜる。

Memo　具材は何でもOK
じゃがいもに混ぜ合わせる食材は、いろいろアレンジ可能です。基本の味つけをすれば味が決まるのでご安心を！

コンソメ味のホットポテトサラダ

具材をいったん炒めてからじゃがいもと混ぜて。
コンソメとマヨネーズの組み合わせが後をひく味です

材料（2人分）

じゃがいも …… 4個
砂糖 …… 小さじ1
玉ねぎ …… 中1個
にんじん …… 1/2本
ウインナー …… 5本
サラダ油 …… 少々
顆粒コンソメ …… 小さじ1
マヨネーズ …… 大さじ3〜
黒こしょう …… 少々

つくり方

1. じゃがいもは洗ってラップに包み、電子レンジで8〜10分加熱、菜箸が通りにくいようなら、さらに1〜2分加熱する。熱いうちに皮をむいてつぶし、砂糖を加える。
2. 玉ねぎは薄切り、にんじんは皮をむいていちょう切り、ウインナーは輪切りにし、油をひいたフライパンで炒める。玉ねぎがしんなりしたら顆粒コンソメを加える。
3. 1、2とマヨネーズを混ぜて、食べる時に黒こしょうをかけていただく。

Memo じゃがいもは皮ごと加熱
皮ごとレンチンすれば手で皮がむけます。包丁でむいてから加熱するよりおススメです。

キッチンの名脇役、片栗粉 じつはこんなに使えます！

料理のとろみづけや、揚げ物の衣に使える片栗粉ですが、じつは肉に下味をつけるときにも役立ちます。

しょうゆやお酒といった調味料と一緒にもみ込んでおくと、うま味をしっかりコーティングしてくれるだけでなく、調味料がしっかりからむので、薄味でもちゃんとおいしくなるのです。

また、そのまま炒めたり、蒸したりすると、プルプルの食感が楽しめるのがいいですね。

とろみづけに使う場合は、片栗粉と水の割合は1対2と覚えておきましょう。これを基準の比率とします。

酢豚やえびチリ、麻婆豆腐など、きちんとねばりがほしいものは、片栗粉1、水1の割合にしています。割合によって食感も全然違うので、料理の種類や、お好みに合わせて、使い分けてくださいね。

片栗粉はよく溶いて、調理の最後に入れましょう。スープなら鍋が沸騰してから、炒め物なら食材に火が通ってから流し入れ、軽く混ぜます。

とろみをいかせばアツアツで濃厚な料理が楽しめます。

ささみとにらの塩炒め

おいしそうな照りは片栗粉を使っているからこそ。
さっぱりとした塩味で飽きのこない味わいです

材料（2人分）

鶏ささみ …… 3本
ごま油 …… 大さじ1
にら …… 半束
にんにく …… 半かけ
A しょうゆ …… 小さじ1
　酒 …… 小さじ1
　しょうが（すりおろし）
　　…… 小さじ1
　片栗粉 …… 小さじ1
塩 …… 小さじ1/2
酒 …… 小さじ2

つくり方

1. ささみを細く切り、Aをもみこんでおく。にらは食べやすい長さに切っておく。
2. ごま油を熱し、たたいたにんにくを入れる。香りがたってきたらささみを加えて中に火が通るまで中火で炒める。
3. 最後ににらを入れ、塩と酒を加えて混ぜ合わせる。塩は一度に全部入れずに味をみながら加える。

Memo にらは軽く炒めるだけ
すぐに火が通るので、にらは最後に入れましょう。軽く炒めて、ベチャっとならないようにしてくださいね。

豚肉とパプリカのオイスター炒め

パプリカが入ると、とたんに華やかな炒め物になりますね。
ごはんにのせて丼にするのもおススメです

材料（2人分）

豚こま肉 …… 200g
A 酒 …… 小さじ2
　鶏ガラスープ（顆粒）…… 小さじ1
　片栗粉 …… 小さじ2
　塩・こしょう …… 少々
　にんにく（すりおろし）…… 小さじ1
サラダ油 …… 大さじ1/2
パプリカ …… 1個
B しょうゆ …… 大さじ1
　オイスターソース …… 大さじ1
　砂糖 …… 小さじ1
　酒 …… 大さじ1
黒こしょう …… 適量

つくり方

1 豚肉に**A**をもみこんで下味をつけておく。パプリカは縦1cm幅に切る。

2 中火～強火で熱したフライパンにサラダ油をひいて豚肉を炒め、豚肉にほぼ火が通ったら、パプリカも加えて強火で炒める。

3 パプリカがややしんなりしたら混ぜ合わせた**B**を入れ、炒める。黒こしょうをかけていただく。

> **Memo** 黒こしょうはたっぷりと炒めると、パプリカの甘さが引き出されます。黒こしょうをかけると味のコントラストがついておいしいです。

れんこん餅

外はカリカリ、中はもちもち！　おかずでもおつまみでもOK。
家族からの「つくって！」リクエストが多い自慢のメニューです

材料（2人分）

れんこん …… 300g
A 酒 …… 大さじ1
　片栗粉 …… 大さじ2
　めんつゆ …… 小さじ1
青ねぎ（小口切り）…… 大さじ1
ちりめんじゃこ …… 大さじ1
サラダ油 …… 大さじ1

Memo
れんこんは2回に分けて加熱する
電子レンジを使ってできるカンタンメニュー。まんべんなく加熱するために、途中でいったんかき混ぜましょう。

つくり方

1. れんこんは皮をむいてすりおろし、耐熱容器に入れる。**A**を加えてよく混ぜ合わせたら、ラップをかけて電子レンジで3分加熱する。取り出してよく混ぜたら、電子レンジでさらに2分程度加熱する。透明感がでてモチっとするまで混ぜて加熱する。
2. **1**にねぎとちりめんじゃこを加えて混ぜ合わせる。
3. フライパンを熱して油をひいたら、手に水をつけながら**2**を丸めて厚さ1cm程にととのえてから焼く。すでに火が通っているので、中火でサッと焼き目をつけ、からしじょうゆなどをつけていただく。

ジャージャー麺

豆板醤や甜麺醤など、定番の調味料だけで深い味わいになりました。
ピリッと辛みのきいた肉みそをしっかり混ぜていただきます

材料（2人分）

- きゅうり …… 1本
- トマト …… 1個
- 長ねぎ …… 5〜6cm
- サラダ油 …… 小さじ1
- 豚ひき肉 …… 200g
- にんにく …… 1かけ
- しょうが …… 1/2かけ
- 豆板醤 …… 小さじ1
- 甜麺醤（テンメンジャン） …… 大さじ2
- みそ …… 大さじ1
- A
  - 酒 …… 大さじ3
  - 水 …… 200ml
  - 鶏ガラスープ（顆粒） …… 小さじ1
  - 砂糖 …… 小さじ2
  - しょうゆ …… 大さじ2
- 中華麺 …… 2玉
- 水溶き片栗粉 …… 大さじ2
- ごま油 …… 適量

つくり方

1. きゅうりは千切りに、トマトは縦2分の1に切ってから5mm幅に切る。ねぎは白髪ねぎにする。
2. サラダ油を熱したフライパンに豚ひき肉を入れ中火でしっかり炒める。肉の色が変わり始めたら、みじん切りにしたしょうがとにんにくを加え、香りが立つまで炒める。
3. 豆板醤、甜麺醤、みそ、Aを加え、煮立たせる。同時に別の鍋で麺をゆでておく。
4. 同量の水で溶いた水溶き片栗粉を入れてとろみをつけ、ごま油をまわしかける。
5. ゆでてよく水を切った麺の上に4をかけ、1の野菜をのせる。

Memo　ごま油で香りを立たせる
肉みその仕上げにごま油をまわしかけ食欲をそそる香りとコクを加えます。

肉みそは常備菜にもなります

肉みそは一度にたっぷりつくって、常備菜にしてもいいですよ。炊きたてのごはんにのせるだけで、ちょっとしたごちそうに。下に肉みそを使ったおつまみもご紹介します。

豆腐の肉みそあんかけ（2人分）

つくり方

1. 木綿豆腐1丁は水切りし、食べやすい大きさに切ったら小麦粉を薄くまぶす。
2. 熱したフライパンでこんがりと焼き、お皿へ並べたら、肉みそをかける。

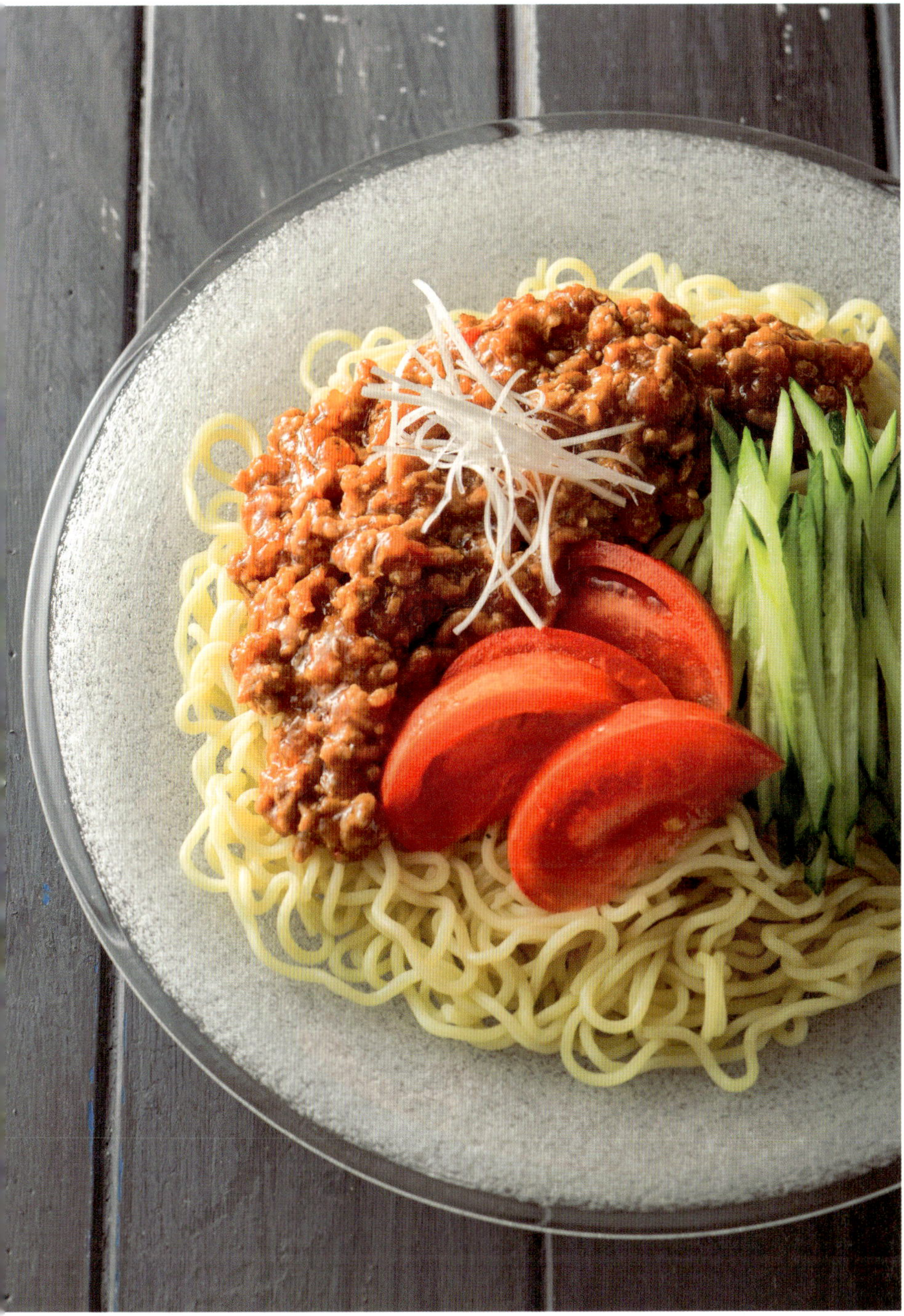

煮込みハンバーグ

ごはんにもパンにも合う
牛ひき肉だけでつくるごちそうハンバーグ

材料（4人分）
- 玉ねぎ …… 1/2個
- パン粉 …… 大さじ4
- 牛乳 …… 大さじ2
- 牛ひき肉 …… 300g
- 卵 …… 1個
- 塩・こしょう
   …… 少々
- A 水 …… 400ml
   固形コンソメ …… 1個
   ウスターソース
      …… 大さじ1
   ケチャップ
      …… 大さじ1
   しょうゆ …… 小さじ1
- にんじん …… 1/2本
- きのこ類 …… 1パック
- ビーフシチューのルー
   …… 1かけ

つくり方
1. 玉ねぎをみじん切りにし、電子レンジで2分加熱する。パン粉は牛乳に浸しておく。
2. ボールにひき肉を入れて、*1*と卵、塩・こしょうを加えて粘りがでるまでよく混ぜる。4等分にして俵型に形成する。
3. フライパンに油を少量ひき、*2*の両面に焦げ目をつけたら、煮込み用の鍋に移す（そのままフライパンでつくってもOK）。移す際に、余分な油をクッキングペーパーで取り除く。
4. Aとにんじん、マッシュルームなどのきのこを鍋に加える。
5. 弱火で10分間、アクを取りながら煮る。ビーフシチューのルーをひとかけ入れて、さらに10分煮込む。

> **Memo ルーを少量使う**
> 最後にビーフシチューのルーを加えるとカンタンにコクがつけられます。牛ひき肉はあいびきでもOKです。

時短料理は手の抜きどころがポイント これが私のラクうま調理です

シチューのルーを、煮込みハンバーグのソースづくりに使用したり、かくし味に使っています。シチュー、ピラフなど少し手のかかる料理は、市販品を取り入れて、ラクうまな方法でつくっています。

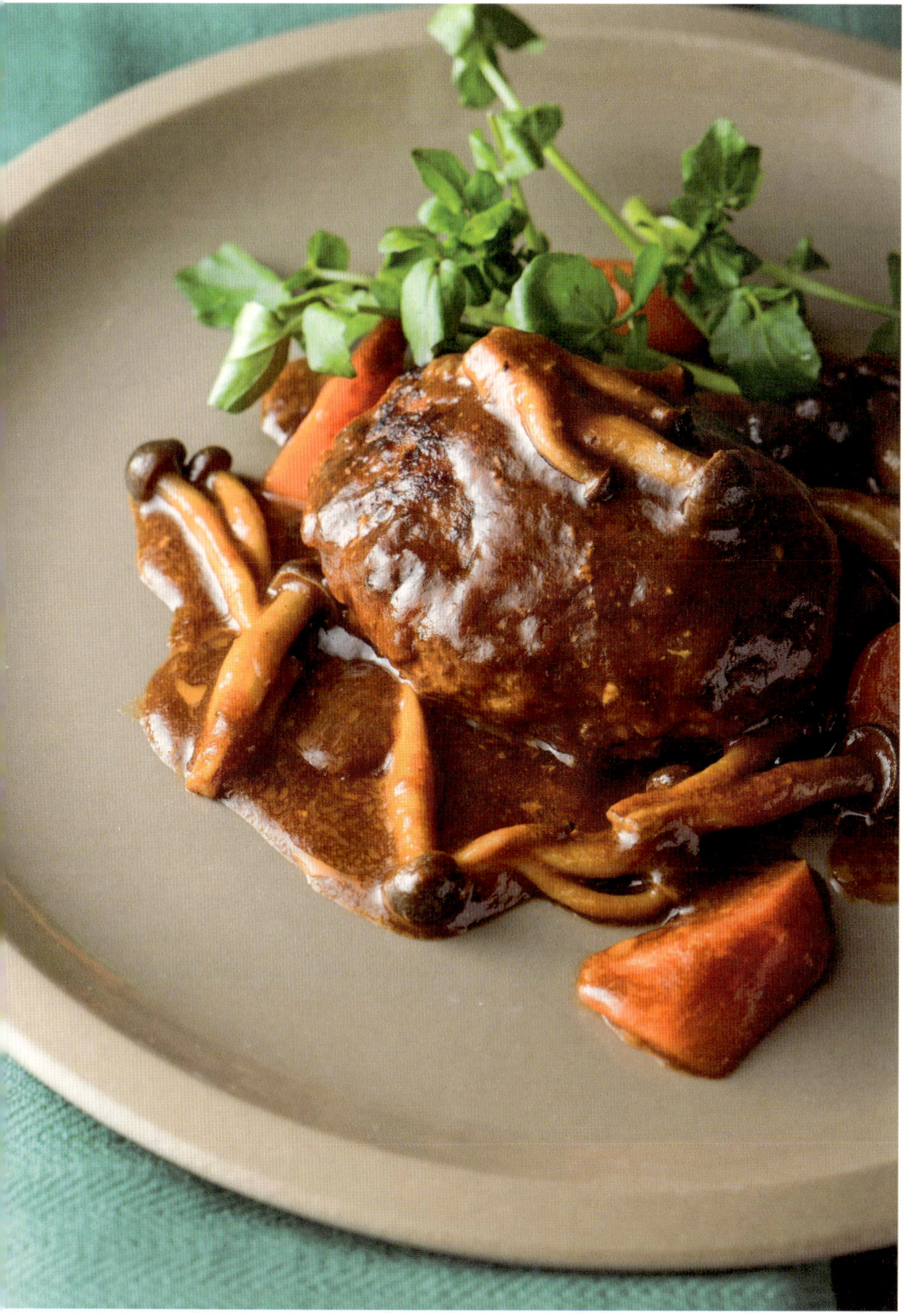

さといものクリームシチュー

シチューをつくりはじめたらじゃがいもがないことに気づいて生まれたメニュー。
さといもとホワイトソースはじゃがいも以上に合うかも!?

材料 （4人分）

さといも …… 8個
鶏むね肉 …… 1枚
にんじん …… 1本
玉ねぎ …… 1個
しめじ …… 1袋
水 …… 600ml
固形コンソメ …… 3個
A バター …… 20g
　小麦粉 …… 大さじ3
　牛乳 …… 300ml
ブロッコリー（ゆで）…… 半株
塩・こしょう …… 少々

つくり方

1 さといもは皮をむいて、塩でぬめりをとっておく。むね肉はひと口大に、にんじんは乱切り、玉ねぎはくし切りに、しめじは石づきを取り小房に分ける。

2 材料を鍋に入れ、水を加えて煮立たせ、コンソメを加えてアクを取りながらさらに15分煮る。

3 **A**でホワイトソースをつくる（つくり方は下記コラムと同様に。分量は違いますが、シチューにあわせて調整しています）。シチューの煮汁を200mlぐらい加えて混ぜ、なめらかにしてからシチュー鍋に全部入れる。

4 さらに15分弱火で煮込む。味をみて塩・こしょうをし、ゆでたブロッコリーを入れる。

> **MEMO　ブロッコリーは別にゆでる**
> 鮮やかな緑をお皿に取り入れたいので、別にゆでて最後にトッピングしてくださいね。

電子レンジでつくるホワイトソース

電子レンジを使って、一般的なホワイトソースもカンタンにつくれます。グラタンやドリアはもちろん、コンソメを加えてパスタにも。ダマにしないコツはよく混ぜることです。

材料

バター …… 30g
小麦粉 …… 30g
牛乳 …… 400ml
塩・こしょう …… 少々

つくり方

1 バターを電子レンジで溶かし小麦粉を混ぜ合わせ、牛乳を少しずつ入れてよく混ぜ合わせる。

2 1を電子レンジで5分加熱する。取り出してよく混ぜたら、さらに3分加熱する。

3 味をみて、薄かったら塩・こしょうをする。

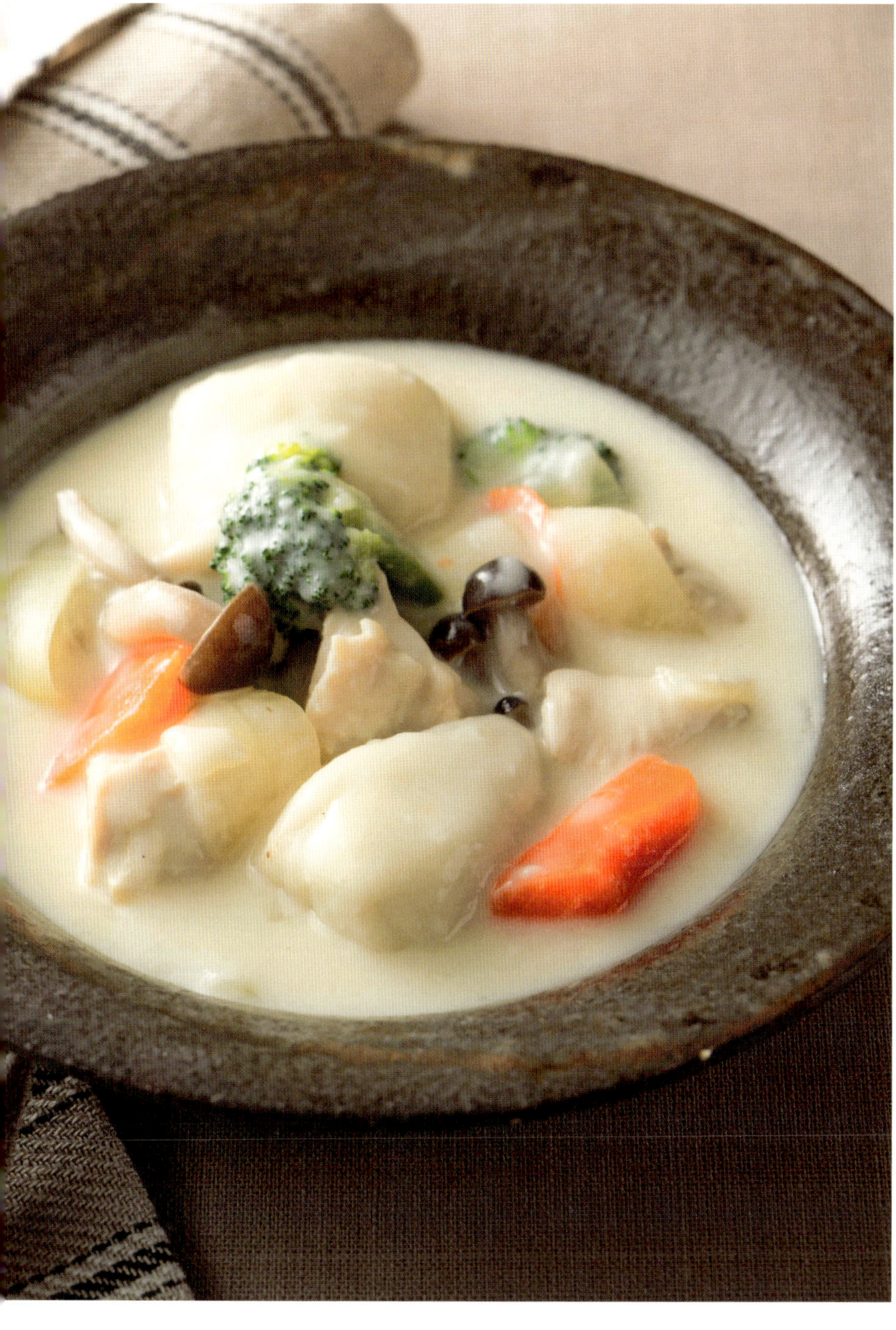

にんじんとツナの炊飯器ピラフ

すりおろしたにんじんとコンソメ&ツナ缶を入れてスイッチオン。
炊飯器に入れて炊くだけの超カンタンなピラフです

材料（4人分）
米 …… 2合
にんじん（すりおろし）
　…… 2/3本
固形コンソメ …… 1個
塩 …… 小さじ1/2
ツナ缶 …… 大1缶
ピーマン …… 2個

つくり方

1 2合の米をとぎ、炊飯器に入れて、やや少なめの目盛りに合わせて水を入れる。

2 1に、すりおろしたにんじん、コンソメ、塩を入れ、ツナ缶は油ごと入れる。

3 普通コースで炊飯する。炊けたらみじん切りにしたピーマンを加えて、全体をざっくり混ぜて蒸らしてからいただく。

Memo　ピーマンは最後に加える
炊きあがってから混ぜたほうが、色味がきれいです。黒こしょうをかけたり、スクランブルエッグをのせてもおいしいです。

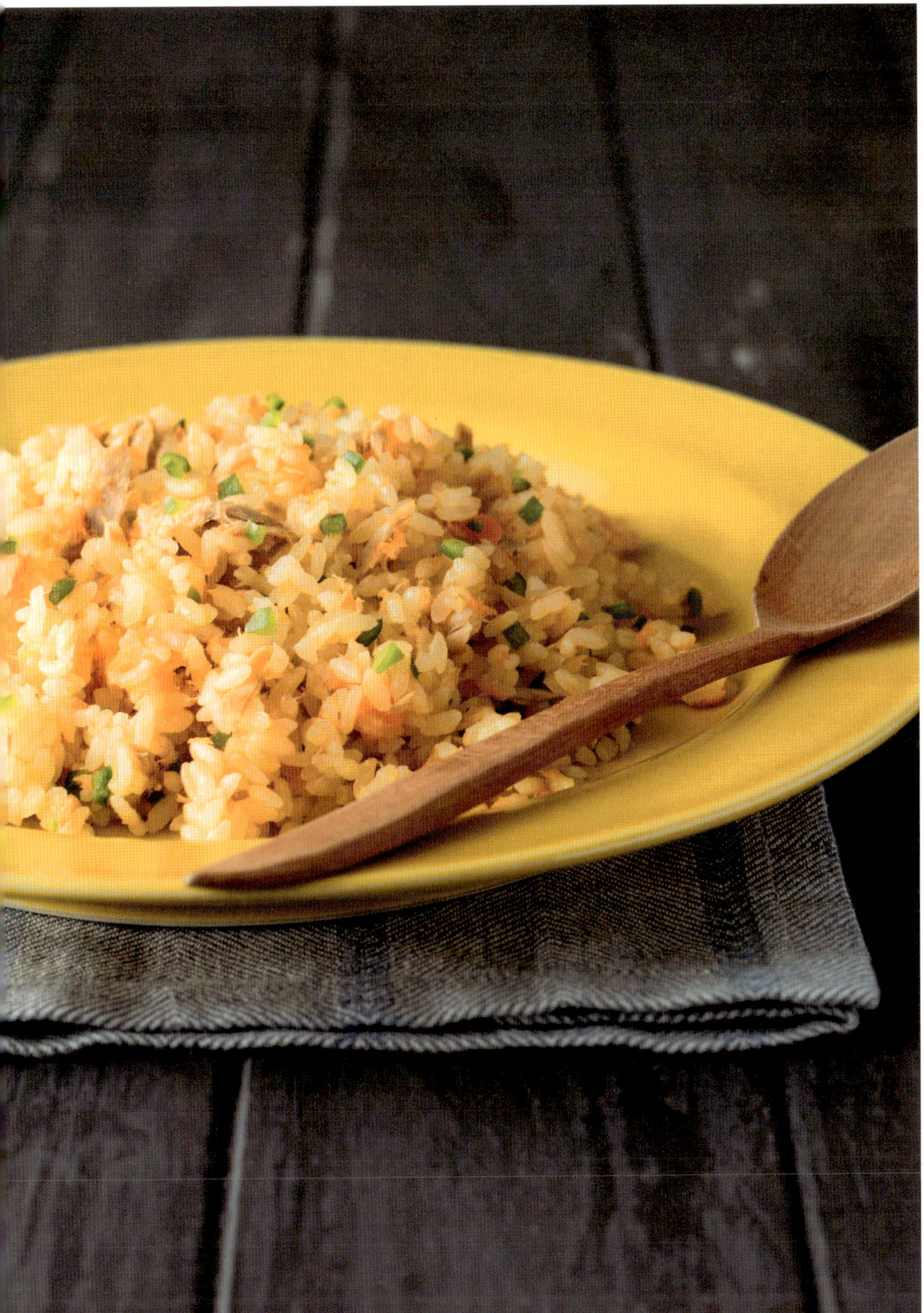

マリネの酸味づけは酢＋レモンでおいしくなります

マリネの酸味づけに、レモン汁を大さじ1入れてみてください。酢だけでつくるよりも酸味がやさしくなるだけでなく、食材のえぐみのようなものをまろやかにしてくれます。レモンをしぼった生の果汁でも、市販のレモン汁でも、おいしくできるので大丈夫！
基本のマリネ液の配合を覚えると、いろんな食材をマリネにできます。
漬けてすぐ食べられますが、やっぱり1日置いたほうが、味がなじんでおいしいと思います。

基本のマリネ液

材料（2人分）

- オリーブオイル 大さじ2
- レモン汁 大さじ1
- 酢 大さじ1
- 塩・こしょう 少々

つくり方

材料をすべて混ぜ合わせるだけ。これを「全量」とします。オリーブオイルとレモン汁、酢は混ざりにくいので、使う直前にしっかり混ぜくださいね。

サーモンマリネ

塩けはスモークサーモンの塩分だけ。
おもてなしメニューにもなるおしゃれなマリネです

材料（2人分）
スモークサーモン …… 200g
玉ねぎ …… 1/2個
基本のマリネ液 ……全量

つくり方
1. 玉ねぎを薄切りにし（スライサーでもOK）、水にさらしてしぼる。スモークサーモンは食べやすい大きさに切る。
2. 基本のマリネ液に1を入れ、混ぜ合わせる。

Memo

🥄 玉ねぎは水にさらす

余分な辛みが取れて食べやすくなります。マリネ液が薄まるので、しっかり水けをしぼってくださいね。

パプリカのマリネ

パプリカに甘みがあるので、
アンチョビペーストを加えて塩けをきかせました

材料（2人分）
パプリカ赤、黄色 …… 各1/2個
A 基本のマリネ液 ……全量
　　アンチョビペースト
　　　…… 小さじ2

つくり方
1. パプリカは縦1cm幅に切る。
2. よく混ぜ合わせたAに、1を入れてよくなじませる。

Memo

🥄 パプリカの皮をむく

余裕があれば、パプリカの皮は真っ黒になるまで焼き、むいてからマリネしてくださいね。より味がしみておいしさが全然違いますよ。

タコときゅうり、みょうがの和風マリネ

たこときゅうりのおなじみの組み合わせをワインビネガーでさわやかにアレンジ

材料（2人分）
- タコの足 …… 2本
- きゅうり …… 1本
- みょうが …… 1個
- **A** 基本のマリネ液 ……全量
  - ワインビネガー …… 大さじ1
  - 砂糖 …… 小さじ2

つくり方
1. タコはそぎ切りに、きゅうりは輪切り、みょうがは縦に千切りにする。Aを混ぜ合わせておく。
2. よく混ぜ合わせたAに、1を入れてよくなじませる。

Memo　ワインやシャンパンにも合う
和風の食材ですが、ワインビネガーを加えることでフルーティに仕上げました。

ししゃものマリネ

基本のマリネ液に砂糖としょうゆを加えて南蛮漬け風に。お酒とよく合うマリネです

材料（2人分）
- ししゃも …… 8匹
- 玉ねぎ …… 1/2個
- にんじん …… 1/3個
- 三つ葉 …… 適量（あれば）
- 基本のマリネ液 ……全量
- オリーブオイル …… 大さじ1
- **A** しょうゆ …… 小さじ2
  - 砂糖 …… 小さじ2

つくり方
1. 玉ねぎはスライスし、水にさらして水けをしぼる。にんじんは細切りにする。三つ葉は3cm程度に切る。
2. フライパンにオリーブオイルをひき、ししゃもをこんがり焼く。
3. 基本のマリネ液に、Aを入れてよく混ぜ、熱々のししゃもと野菜を加えてよくなじませる。

Memo　オリーブオイルでししゃもを焼く
香ばしくなって甘酢との相性もアップ。熱々のままマリネ液に漬けてくださいね。

コラム

味つけのワンパターンを解消するたれ&ふりかけ

家ごはんのマンネリが気になる。そんなときは、手づくりのたれ&ふりかけでカンタンに味の変化をつけてみませんか？ つくり方はほぼ混ぜるだけ。おススメの使い方も紹介します。

タルタルソース

つくり方（2人分）
1 玉ねぎ1/4個分をみじん切りにして、水にさらしてしぼっておく。*2* ゆで卵1個、イタリアンパセリ少々（普通のパセリでも可）もみじん切りにし、*1* とマヨネーズ大さじ3、塩こしょう少々を入れて混ぜ合わせる。

\ こんな料理に /
チキン南蛮やエビフライなど。

玉ねぎソース

つくり方（2人分）
鍋に新玉ねぎ（すりおろしたもの）1個分、砂糖大さじ1、みりん大さじ2、しょうゆ 大さじ3、しょうが（すりおろし）小さじ1を入れ、弱火で5分程度煮詰める。

\ こんな料理に /
ハンバーグ、ソテーした鶏肉など。

サルサソース

つくり方（2人分）
1 玉ねぎ1/6個ときゅうり1/3本をみじん切りにする。*2* *1* とトマト水煮缶（200g）1/2個分、酢 小さじ1、砂糖 小さじ1/2、ケチャップ大さじ1を混ぜ合わせる。お好みでタバスコを。

\ こんな料理に /
トルティーヤ、手作りピザ、ポテトフライ、蒸し鶏に。

オーロラソース

つくり方（2人分）
ケチャップ大さじ3、マヨネーズ 大さじ3、ニンニク（すりおろし）小さじ1/2、レモン汁小さじ1を混ぜ合わせる。

\ こんな料理に /
卵料理、お肉のソテーやお魚にも。

おろしポン酢だれ

つくり方（2人分）
大根（すりおろして、軽くしぼったもの）1/4個分、ポン酢大さじ4、しょうゆ大さじ1、ねぎ（刻んだもの）少々、柚子こしょう小さじ1/2〜を混ぜ合わせる。

\ こんな料理に /
素揚げしたなす、かつおのお刺身、和風ハンバーグなど。

マヨごまみそだれ

つくり方（2人分）
マヨネーズ大さじ5、すりごま大さじ2、砂糖小さじ1、合わせみそ大さじ1を混ぜ合わせる。

\ こんな料理に /
スティック野菜など。

梅ソース

つくり方（2人分）
梅（種を除いて包丁でたたいたもの、減塩タイプを使用）5粒分、砂糖小さじ1、しょうゆ小さじ2、みりん大さじ1、水大さじ1、かつおぶし（小分けタイプ）1パックを混ぜ合わせる。

＼こんな料理に／

ゆで野菜、かまぼこやちくわなどの練り物とあえても。

のりマヨソース

つくり方（2人分）
マヨネーズ大さじ2、のりの佃煮小さじ2を混ぜ合わせる。

＼こんな料理に／

納豆に混ぜても。アボカドのサラダや、卵かけごはんのトッピングに。

酢みそのたれ

つくり方（2人分）
白みそ大さじ1、砂糖大さじ1、酢大さじ1と1/2、からし小さじ1/2を混ぜ合わせる。

＼こんな料理に／

あさりやねぎなど、ぬたの定番食材。ゆでた野菜や魚介に合います！

シーザードレッシング

つくり方（2人分）
マヨネーズ大さじ3、牛乳大さじ2、オリーブオイル大さじ1、レモン汁小さじ1、にんにく（すりおろし）小さじ1、粉チーズ大さじ1、塩こしょう適量、パセリのみじん切り適量（あれば）を混ぜ合わせる。

＼こんな料理に／

生ハムなどが入ったサラダなど。

すりおろしきゅうりソース

つくり方（2人分）
きゅうり（すりおろし）1本分、めんつゆ大さじ1、コチュジャン小さじ1、ごま油小さじ1、にんにく（すりおろし）小さじ1/2を混ぜ合わせる。

＼こんな料理に／

蒸し鶏、冷たいパスタ、中華麺（そのままかけるだけ）。

味つきかつおぶし

つくり方（2人分）
1 弱火で熱したフライパンでかつおぶし（小分けタイプ）3パックをカリカリになるまで炒める。*2* しょうゆ大さじ1、みりん小さじ1を混ぜ合わせたものを全体にまわしかける。さらに炒めて、全体がカリカリになったら完成。

＼こんな料理に／

おにぎりの具、ごはんのふりかけ、冷奴など。

第3章 肉料理のレシピ

リーズナブルなお肉をフル活用!

かたまり肉、薄切り肉、ひき肉の3つに分けて、手軽につくれるレシピを紹介。メイン料理のレパートリーのひとつに役立ててくださいね。

かたまり肉 薄切り肉 ひき肉 は適材適所で使いこなします

薄切り肉やひき肉は、パパッと炒めるだけで火が通るので、時間がないときの夕食づくりに重宝しています。一方、かたまり肉は煮込み料理やスープなど、じっくりうま味を引き出す料理に使います。時間がおいしくしてくれる効果もあるので、意外とリーズナブルなお肉でも、濃厚なスープができますし、うま味が感じられるんですよ。

我が家では、鶏のむね肉をよく使います。肉質自体は淡白ですが、調味料づかいや調理しだいで、「これがむね肉!?」と思うほどのコクがだせるのです。なんといっても、低カロリーで高たんぱくなのもうれしいですよね。

私は、肉料理は一度にたくさんつくったほうがおいしいと思っています。たとえばロールキャベツのような少し手間がかかる料理は、4人分ぐらいつくったほうが手間も減らせるし、おいしい。煮込むとまた違った味わいになるので、常備菜感覚で2、3日かけていただきます。

掲載したレシピは、肉の種類を変えても楽しめるので、いろいろ試してみてくださいね。

かたまり肉

牛肉と大根のスープ

牛肉のうま味がしみ出した、塩だけで味つけした透明スープ。
じっくり煮込めば必ずおいしくできるので、リーズナブルな牛肉でもOK

材料（4人分）

大根 …… 2/3本
にんにく …… 1かけ
牛肉（肩かたまり肉かシチュー用）
　　…… 600g
A 水 …… 1200ml
　酒 …… 50ml
　塩 …… 小さじ2〜3
　だし昆布 …… 10cm

つくり方

1. 大根の皮をむき3cm厚さの半月切りにする。にんにくは薄切り、牛肉は10等分ぐらいに切る。
2. 鍋にAと大根と牛肉、にんにくを入れて煮る。沸騰したらアクを取り、弱火で1時間、ふたを少しずらして煮込む。
3. 1時間煮たら火を消してふたをして30分〜1時間おく。これを2回くり返す。

Memo　ただひたすら弱火で煮込む
昆布からも上質なうま味がしみ出します。アクはこまめに取ってくださいね。柚子こしょうをつけてもおいしいです。

かたまり肉

スープも楽しめるバンバンジー

じつはゆで汁が最高のごちそう！　おいしい鶏スープがとれます。
残ったゆで鶏は細く裂いて保存容器に入れ、常備菜にしましょう

材料（2人分）

鶏むね肉 …… 大1枚
きゅうり …… 1本
水 …… 800ml
酒 …… 大さじ2
しょうが …… 1/3かけ
塩 …… 小さじ1
長ねぎ …… 1/2本

つけだれ

すりごま …… 大さじ2
砂糖 …… 大さじ1
しょうゆ …… 大さじ1
酢 …… 大さじ1と1/2
ラー油 …… 小さじ1
ごま油 …… 小さじ1

つくり方

1 鍋に水、酒としょうが、塩、長ねぎを入れ、沸騰したら鶏肉を入れる。きゅうりは千切りにする。つけだれの材料をすべて混ぜ合わせておく。

2 1の鶏肉を3～4分程度ゆでたら火を止めて、余熱で中まで火を通し、鶏はそのままゆで汁に入れて冷ます。冷めたら細かく裂く（1/2枚分を使用）。

3 皿にきゅうりの千切り、その上に細かく裂いた鶏肉をのせ、つけだれをかけていただく。

Memo　余熱で中まで火を通す
鶏肉はゆで汁に入れて余熱で火を通し、スープに入れたまま冷まします。こうすると、肉の表面が乾燥しません。

ゆで汁は極上のスープになります

鶏のうま味がしみ出したゆで汁はごはんにかけたり、麺類のスープにします。

鶏飯（けいはん）

材料（2人分）

ゆで鶏 …… 1/2枚
（バンバンジーの残りを使用）
鶏スープ …… 全量
（バンバンジーのゆで汁）
中華スープ（顆粒）…… 小さじ2
みょうが …… 1個
青ねぎ …… 適量
しば漬け …… 適量（あれば）
甘辛く煮たしめじ …… 適量（あれば）
卵 …… 1個
塩 …… 適量
ごはん …… 適量

つくり方

1 ゆで鶏は細かく裂き、みょうがは細切り、青ねぎは小口切り、しば漬けは食べやすい大きさに切る。卵は錦糸卵にしておく。

2 鶏をゆでたスープに中華スープと塩を入れて味をととのえる。

3 お茶碗にごはんをよそい、すべての具材をのせる。最後に鶏スープをかけてできあがり。

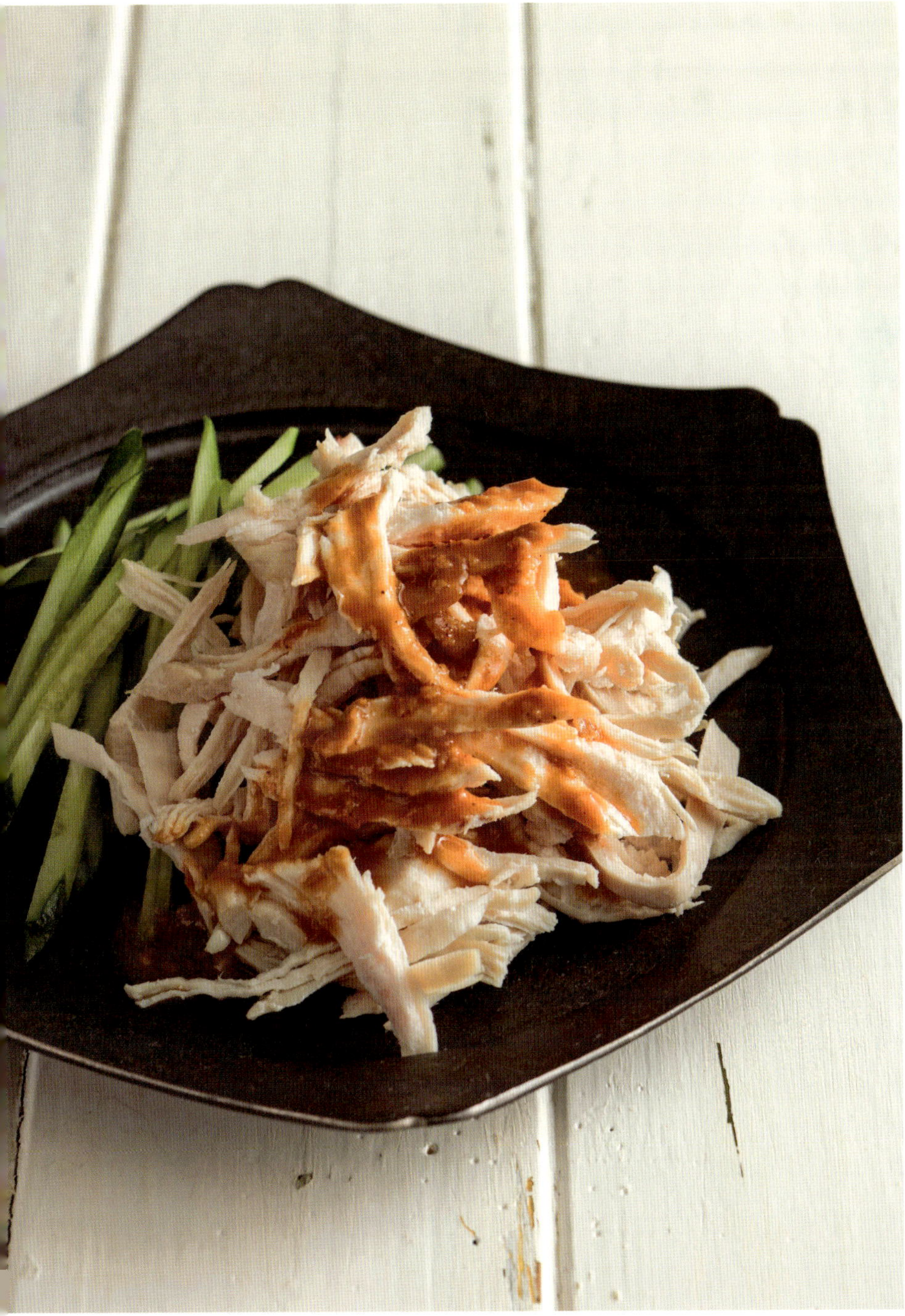

> かたまり肉

チャーシュー&煮卵

ゆっくり煮込むことで肉質はしっとり。脂質の部分はプルプルの
ゼラチン質になるので冷えてもおいしくいただけます

材料（つくりやすい分量）

豚肩ロース …… 1kg
（かたまり肉 500g×2個）
卵（Lサイズ）…… 5個
A 水 …… 200ml
　酒 …… 200ml
　しょうゆ …… 200ml
　しょうがスライス
　　…… ひとかけ
　長ねぎ …… 1本

つくり方

1. 鍋に水を入れ、ゆで卵をつくる。沸騰したら卵を入れて7～8分ゆでて冷水にとり、冷めたら殻をむく。
2. 鍋にAを入れて、煮立ったら豚肉を入れ、30分煮込んでから半日置く。冷えて固まった脂を取り除く。
3. ふたたび煮汁の量が半分になるまで煮込んだら、火を止めて、1のゆで卵を漬け込む。

Memo — お肉はひもでしばる
ひもでしばらないと肉のうま味が煮汁に逃げ出してしまうんです。いまはチャーシュー用にひもでしばったお肉も売っているので、そちらもうまく活用してくださいね。

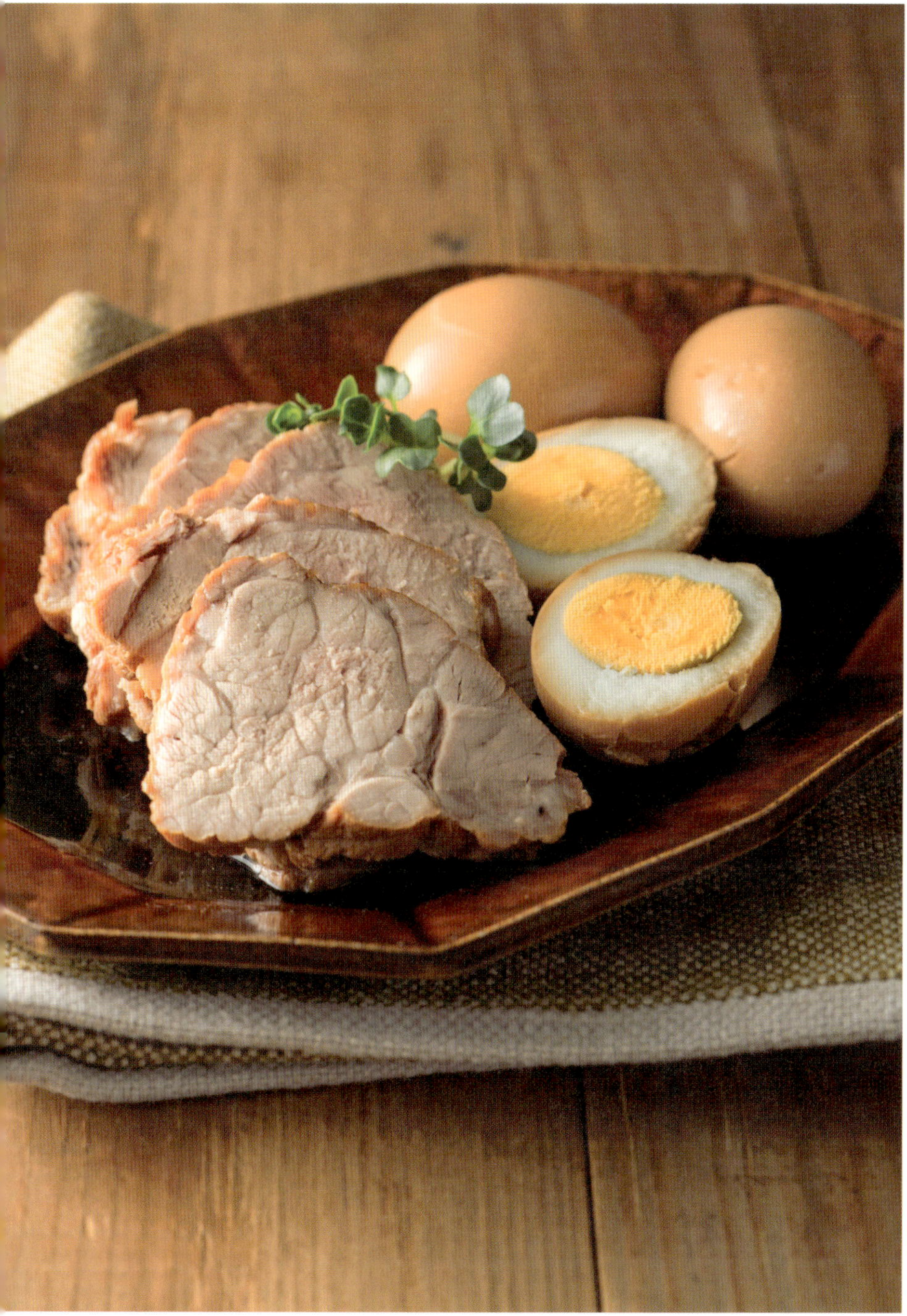

かたまり肉

手羽元と丸ごとなすの煮物

なすを噛んだときにジュワ～っとあふれ出すスープがたまらない！
丸ごとなすが見た目もインパクト大の煮物です

材料（2人分）

なす …… 6本
ごま油 …… 大さじ1
にんにく …… 2かけ
しょうが …… 小さめを1かけ
手羽元 …… 8本
塩・こしょう …… 少々
A 酒 …… 50ml
　水 …… 200ml
　中華スープ（顆粒）
　…… 小さじ多めに1
　しょうゆ …… 大さじ1
　（味をみて薄いようなら
　小さじ1足す）
糸唐辛子（あれば）…… 適量

つくり方

1 なすの皮をピーラーでむき、水にさらしてアクを抜く。

2 フライパンにごま油を熱して、スライスしたにんにくとしょうがを炒める。そこへ塩・こしょうをした手羽元を入れて焦げ目をつける。

3 鍋に、2の手羽元を移し、1のなすとAを入れ、弱火から中火でふたをして煮込む。

4 アクや脂が浮いてきたら、こまめに取り除きながら20分煮たら、中火にして水分をとばすように半分ふたをして煮る。煮汁が少なくなったら火を止める。器に盛って糸唐辛子をそえる。

MEMO 鶏肉は焼いて焦げ目をつける
焼き目をつけてから煮るので、鶏自体にもしっかりうま味が残り、コクもアップします。

薄切り肉

やわらかトンテキ

ごはんがすすむ甘辛の照り焼きだれです。
あえて焦げ目をつけて少し香ばしく仕上げるのがおススメ！

材料（2人分）

豚ロース肉（やや厚みのあるもの）
　……3枚
A ウスターソース …… 大さじ2
　しょうゆ …… 大さじ2
　砂糖 …… 大さじ1
　みりん …… 大さじ2
　ケチャップ …… 大さじ1
にんにくチップ …… 適量

つくり方

1. 肉は筋を切るように切れ目を入れ、食べやすい大きさに切る。Aは混ぜておく。
2. 熱したフライパンに油をひき、1を中火でしっかり中まで焼く。両面においしそうな焦げ目がついたら、Aとにんにくチップを入れて、照りがでるまでからめる。

Memo 一口サイズに切って焼く
1枚のままで焼くよりも火の通りが均一になるので、焼き上がりがジューシーですよ。

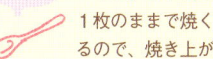

薄切り肉

豚肉と厚揚げのピリ辛みそ炒め

豚肉のおいしさを厚揚げがしっかりキャッチしてくれますよ。
こっくりとしたみそ味でお酒のつまみや、お弁当のおかずにも

材料（2人分）

豚こま肉 …… 200g
厚揚げ …… 1枚
しいたけ …… 1パック（8枚）
長ねぎ …… 1本
ごま油 …… 大さじ1

下味用
鶏ガラスープ（顆粒）…… 小さじ1
にんにく（すりおろし）…… 小さじ1
しょうが（すりおろし）…… 小さじ1
片栗粉 …… 大さじ1/2

A
みそ …… 大さじ2
コチュジャン …… 小さじ1
砂糖 …… 大さじ1
みりん …… 大さじ1
酒 …… 大さじ1
しょうゆ …… 大さじ1

つくり方

1. 下味用の調味料を混ぜ合わせ、豚肉にもみ込む。長ねぎは1cm厚さの斜め切り。しいたけ、厚揚げは食べやすい大きさに切る。**A**も混ぜ合わせておく。
2. フライパンにごま油を熱し、豚肉を炒める。色が変わったら厚揚げ、しいたけ、長ねぎを加えて炒める。
3. 全体がしんなりしたら、混ぜ合わせておいた**A**を加えて、からめるように炒め合わせる。

Memo

豚肉には下味をつけて焼く

豚肉にしっかり味をつけておくことで、うま味が増し、やわらかくなります。

薄切り肉

ミラノ風カツレツ

淡白な鶏ささみをレモンバターソースでいただく華やかな一品。
こってりした味が食べたいときは粉チーズをかけて召し上がれ

材料（2人分）

鶏ささみ …… 4枚
塩・こしょう …… 少々
パン粉 …… 1カップ
卵 …… 1個
サラダ油 …… 大さじ1
A 粉チーズ …… 大さじ1
　　ガーリックパウダー
　　　…… 小さじ1
　　パセリ（みじんぎり）
　　　…… 適量（あれば）
レモンバターソース
　　バター …… 大さじ1
　　レモン汁 …… 大さじ1
　　しょうゆ …… 小さじ1

つくり方

1 ささみは筋をとって、観音開きにし、塩・こしょうをしておく。パン粉はビニール袋などに入れて麺棒などで小さく粉々にしておく。

2 卵を溶き、**A**を加えて混ぜる。

3 *1*を*2*にくぐらせパン粉をつけて、フライパンでサラダ油を熱し、中火でこんがりと両面焼く。

4 耐熱容器にバターを入れ、電子レンジで30秒〜1分加熱して溶かす。そこへレモン汁、しょうゆを加えたら*3*にかけていただく。

Memo　しょうゆをかくし味に
小さじ1のしょうゆを加えているので、思いっきり洋食なのにごはんによく合います。豚ロースでも同様につくれます。

薄切り肉

がっつり焼肉丼

市販の焼肉のたれに、ごま油を加えてコクをプラス。
野菜それぞれにも下味をつけた、どこから食べてもおいしい丼

材料（2人分）

なす …… 1本
ピーマン …… 1個
玉ねぎ …… 1/2個
牛肉（焼肉用）…… 200ｇ
サラダ油 …… 小さじ2
しょうゆ …… 小さじ2
焼肉のたれ（中辛）
　　…… 大さじ4〜5
ごま油 …… 小さじ1
ごはん …… 2膳
温泉卵 …… 2個（あれば）

つくり方

1 なすはくし切り、ピーマンは1cm幅の細切り、玉ねぎは繊維を断ち切るように1cm幅に切る。

2 フライパンに熱した油でなすを炒め、しょうゆをまわしかける。いったん器にとる。ピーマンと玉ねぎも軽く炒めて塩・こしょうし、器にとる。

3 フライパンに油を熱し肉を焼く。肉の両面に焼き目がついたら、焼肉のたれにごま油を入れたものをかける。

4 ごはんを盛り、その上に野菜と肉をのせ、フライパンに残ったたれをかける。あれば温泉卵を中央にのせる。

Memo：焼肉のたれにごま油をプラス

コクを加えて特売の牛肉もグレードアップ。なすはしょうゆ味、ピーマンと玉ねぎは塩味にしているので、飽きることなく最後までおいしい！

`薄切り肉`

豚バラ肉でモツ鍋風

モツに負けない豚バラのコク。「調味料ちょっとずつ」で本格的なみそベースのスープが完成しました。野菜もたっぷり食べられます

材料（4人分）

みそベースの鍋スープ
　…… 全量（P30参照）
豚バラ肉 …… 600g
キャベツ …… 1/2個
もやし …… 2袋
にら …… 1〜2束
にんにく（スライス）
　…… 2かけ
油揚げ …… 2枚

つくり方

1. キャベツはざく切りに、にらは3cm長さ、油揚げは1cm幅に切る。
2. 鍋に鍋スープを煮立たせ、スライスしたにんにく2かけを入れる。沸騰したら豚肉、キャベツ、油揚げを入れて煮込む。
3. もやしとにらを入れて煮立ったら完成。

Memo　シメは中華そばがおススメ
本場のモツ鍋と同じく、スープが中華麺と合います。お好みで水餃子やきのこ類を入れてもおいしいです。

薄切り肉

牛肉と新玉ねぎの洋風煮込み

牛肉＆玉ねぎのテッパンの組み合わせを洋風にアレンジしました。
熱々をごはんにかけるとビーフストロガノフ風になります

材料（2人分）

- 牛こま肉 …… 300g
- 塩・こしょう …… 少々
- 小麦粉 …… 大さじ1
- 玉ねぎ（あれば新玉ねぎ） …… 大1個
- パプリカ …… 1/2個
- サラダ油 …… 大さじ1
- A
  - 水 …… 200ml
  - 固形コンソメ …… 1個
  - ケチャップ …… 大さじ2
  - ウスターソース …… 大さじ2
  - しょうゆ …… 大さじ1/2
  - ローレル …… 1枚
- ごはん …… 2膳
- パセリ …… 適量（あれば）

つくり方

1. 牛肉に塩・こしょうをして小麦粉をまぶしておく。玉ねぎは薄切り、パプリカも細切りにしておく。
2. 熱したフライパンに油をひき、牛肉を炒めていったん取り出す。
3. 玉ねぎの半分を2のフライパンに入れて、その上に牛肉をのせ、その上に残りの玉ねぎとパプリカをのせる。
4. **A**を入れてふたをし、弱火で15〜20分くらい煮込む。途中でかき混ぜる。
5. 皿に盛ったごはんにたっぷりかけ、あればパセリも散らしていただく。

Memo　下味の小麦粉でとろみづけ
牛肉には小麦粉をまぶしてうま味を閉じ込めます。この下味の小麦粉でとろみもつきます。

薄切り肉

チキンナゲット

見た目も食感も、某有名ファストフードもびっくりのできあがり!?
ビールのおつまみはもちろん、お弁当のおかずにもおススメです

材料（2人分）

鶏むね肉 …… 1枚
玉ねぎ …… 1/4個
片栗粉 …… 大さじ2
卵 …… 1/2個
A 香草塩 …… 5ふり
　　鶏ガラスープ（顆粒）…… 小さじ1
衣用
　　片栗粉 …… 大さじ1
　　小麦粉 …… 大さじ1
サラダ油 …… 大さじ2
B ケチャップ …… 大さじ1
　　スイートチリソース …… 大さじ1
　　マヨネーズ …… 大さじ1/2

つくり方

1. 鶏肉の皮を取り除き、コマ切れにしてから包丁でたたいてつぶす。玉ねぎもすりおろしておく。**A**と片栗粉、卵を入れてよく混ぜる。
2. 片栗粉と小麦粉を混ぜ合わせて衣をつくり、**1**を俵形にして衣をまぶす。
3. 熱したフライパンに油をひき、両面をこんがりと焼く。
4. **B**を混ぜ合わせて**3**をつけていただく。

Memo お肉は包丁でたたいて使う
こうすることで独特の食感に。フードプロセッサーを使うと時短になります。

ひき肉

鶏ひき肉と豆腐のハンバーグ

タネの下味はほぼひじきの煮物だけ。市販品の煮物でもおいしくつくれます。
低カロリーで栄養満点！ポン酢でさっぱりいただく大人味のハンバーグです

材料（6個分）

A 木綿豆腐 …… 250g
　鶏ひき肉 …… 200g
　ひじきの煮もの …… 70g
　（市販のものでもOK）
　パン粉 …… 1/3 カップ
　溶き卵 …… 1/2 個
　片栗粉 …… 大さじ1
　塩・こしょう …… 少々
サラダ油 …… 大さじ1
大葉 …… 好きなだけ
大根おろし …… 好きなだけ
ポン酢（またはしょうゆ）
　…… 適量

つくり方

1. 豆腐はキッチンペーパーなどに包んで重しをのせて水切りする。しっかり水分を切ったら**A**の残りの材料を加えてよく練り、6等分にして小判形に成形する。
2. フライパンに油を熱し*1*を焼く。両面に焦げ目をつけたら、水100ml（分量外）を入れてふたをして蒸し焼きにする。
3. 竹串を刺して、透明の液がでたら焼きあがり。皿に盛り、大葉とたっぷりの大根おろしをのせて、お好みでポン酢（もしくはしょうゆ）をかけていただく。

Memo　豆腐は水切りする
調理過程で水分がでてきてしまうと味がぼやけてしまうので、豆腐はしっかり水切りしてくださいね。

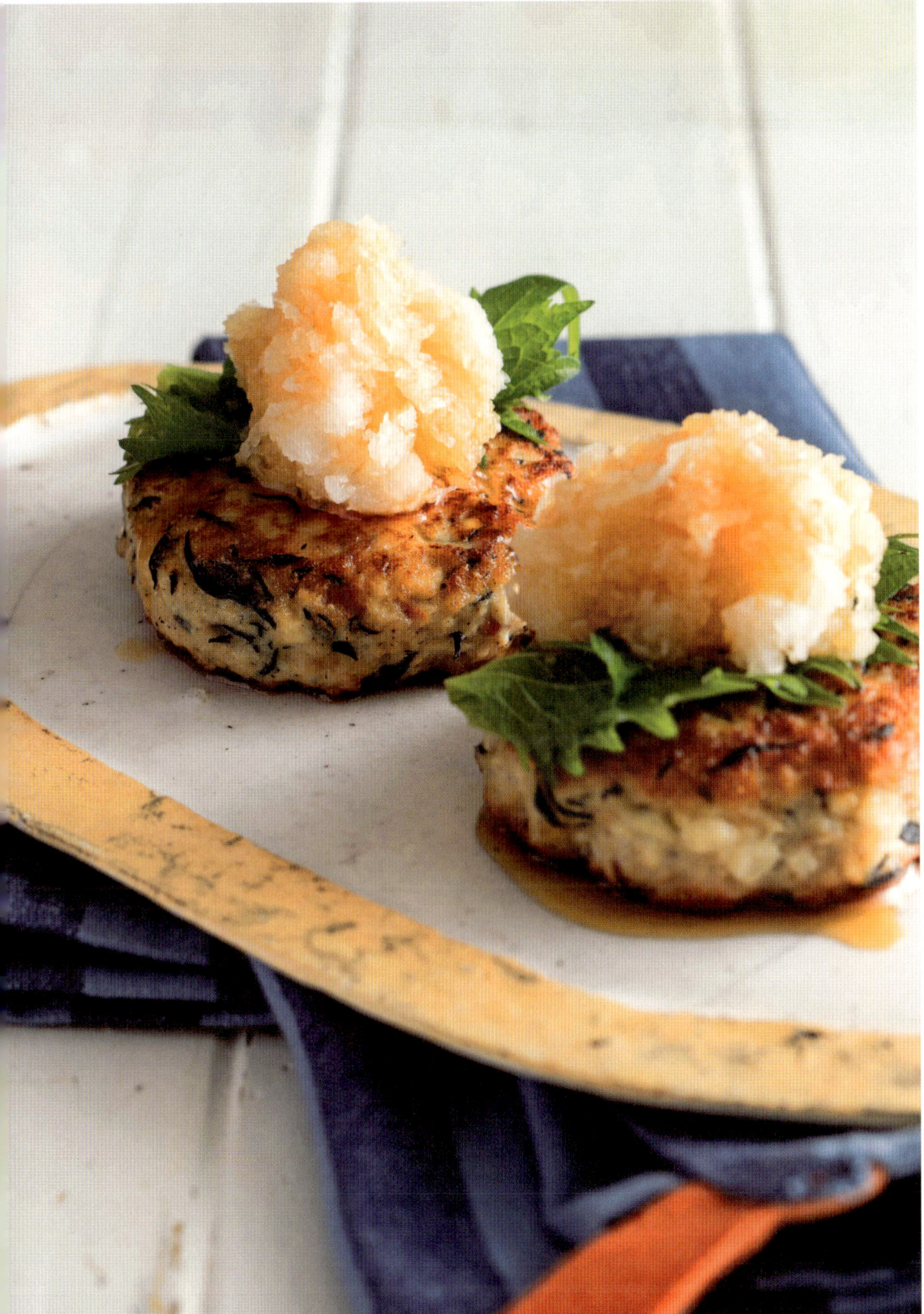

ひき肉

めんつゆでつくるロールキャベツ

めんつゆを使って、定番の洋食を和風の煮込み風にアレンジ。
甘じょっぱくして、大人も箸がすすむ味に仕上げました

材料（4人分）

キャベツ …… 大1個
玉ねぎ …… 1個
A 合びき肉 …… 400g
　卵 …… 2個
　パン粉カップ …… 1弱
　塩・こしょう …… 少々
B 水 …… 1ℓ
　酒 …… 大さじ3
　めんつゆ …… 大さじ2
　しょうゆ …… 大さじ4
　みりん …… 大さじ2

つけあわせ
にんじん …… 適量
さやいんげん …… 適量

つくり方

1. キャベツは1枚ずつはがしてゆでる。みじん切りにした玉ねぎを電子レンジで2分加熱し、**A**の材料を混ぜてタネをつくり、キャベツで包む。キャベツの巻き終わりをつまようじで止める。
2. 鍋に*1*と**B**を入れ、花形に抜いたにんじん、いんげんを入れ、弱火にかける。
3. アクを取りながら30分煮て、汁が最初の1/3くらいになったら火を止める。

Memo　冷蔵保存して常備菜に
キャベツで包んだりやや手間がかかるので、私は一度にたくさんつくって冷蔵保存しています。少量より多めにつくったほうがおいしくできますし、冷やすことで味もしみ込みやすくなるので一石二鳥ですよ。

> ひき肉

和風そぼろごはん

ペロリと食べられる我が家の人気メニュー。そぼろはオムレツの具にしたり、パンにのせてピザチーズをかけて焼いてもおいしいです

材料（2人分）

豚ひき肉 …… 200g
しょうが（すりおろし）
　…… 小さじ1/2
玉ねぎ …… 1/2個
なす …… 2本
パプリカ2色 …… 1/2個ずつ
青ねぎ …… 1/2束
（小口切りにしておく）
A　和風だし（顆粒）…… 小さじ1〜2
　　酒 …… 大さじ2
　　砂糖 …… 大さじ1
　　みりん …… 大さじ1
　　しょうゆ …… 大さじ2

つくり方

1. なすなどの野菜は1cm角に切っておく。
2. フライパンで油を使わずにひき肉を炒める。ひき肉から脂がでてきたらしょうが、玉ねぎ、なすを加えて強火でよく炒める。
3. なすがしんなりしたらパプリカを加えて炒め、Aを加えて水分がほとんどなくなるまで味をなじませる。
4. 青ねぎの小口切りを入れて混ぜ合わせる。

Memo　残ったパプリカでマリネを
パプリカは2色使ったほうが見た目が華やかです。残った各1/2個でパプリカのマリネ（P55下段参照）をつくるのがおススメです。

ひき肉

煮てつくるピーマンの肉詰め

焼かずに煮込む、煮汁も味わうピーマンの肉詰めです。
見た目も味わいも一般的な肉詰めと違った我が家の人気メニューです

材料（2人分）

玉ねぎ …… 1/2個
A 合びき肉 …… 300g
　卵 …… 1個
　片栗粉 …… 大さじ1
　塩 …… 小さじ1/2
　酒 …… 大さじ1
　しょうが …… 小さじ1/2
ピーマン …… 大8個
サラダ油 …… 小さじ2
B 水 …… 200ml
　めんつゆ …… 大さじ1
　しょうゆ …… 大さじ1
　砂糖 …… 大さじ1
　酒 …… 大さじ1
にんじん …… 1/3本
片栗粉 …… 大さじ1/2
水 …… 大さじ1

つくり方

1. 玉ねぎはみじん切りにして電子レンジで1～2分加熱し、**A**を混ぜ合わせてタネをつくる。ヘタを切り落とし、種を取り除いたピーマンに詰める。
2. フライパンに油を熱し、*1*の肉側を下にして焼き目をつける。
3. 返しながら焼き、全体に焼き目をつけたら**B**を加え、弱火～中火で時々返しながら煮る。脂が浮いてきたら取り除く。
4. 花形に抜いたにんじんを入れて一緒に煮て、煮汁が半分くらいになったら一旦火を止めて味をなじませる。
5. 再度沸騰させ、水で溶いた片栗粉でとろみをつける。

Memo 肉の表面に焼き目をつける
ピーマンの肉側に焼き目をつけて、肉のうま味をとじこめます。ピーマンからタネがはがれないようにする効果もあるんです。

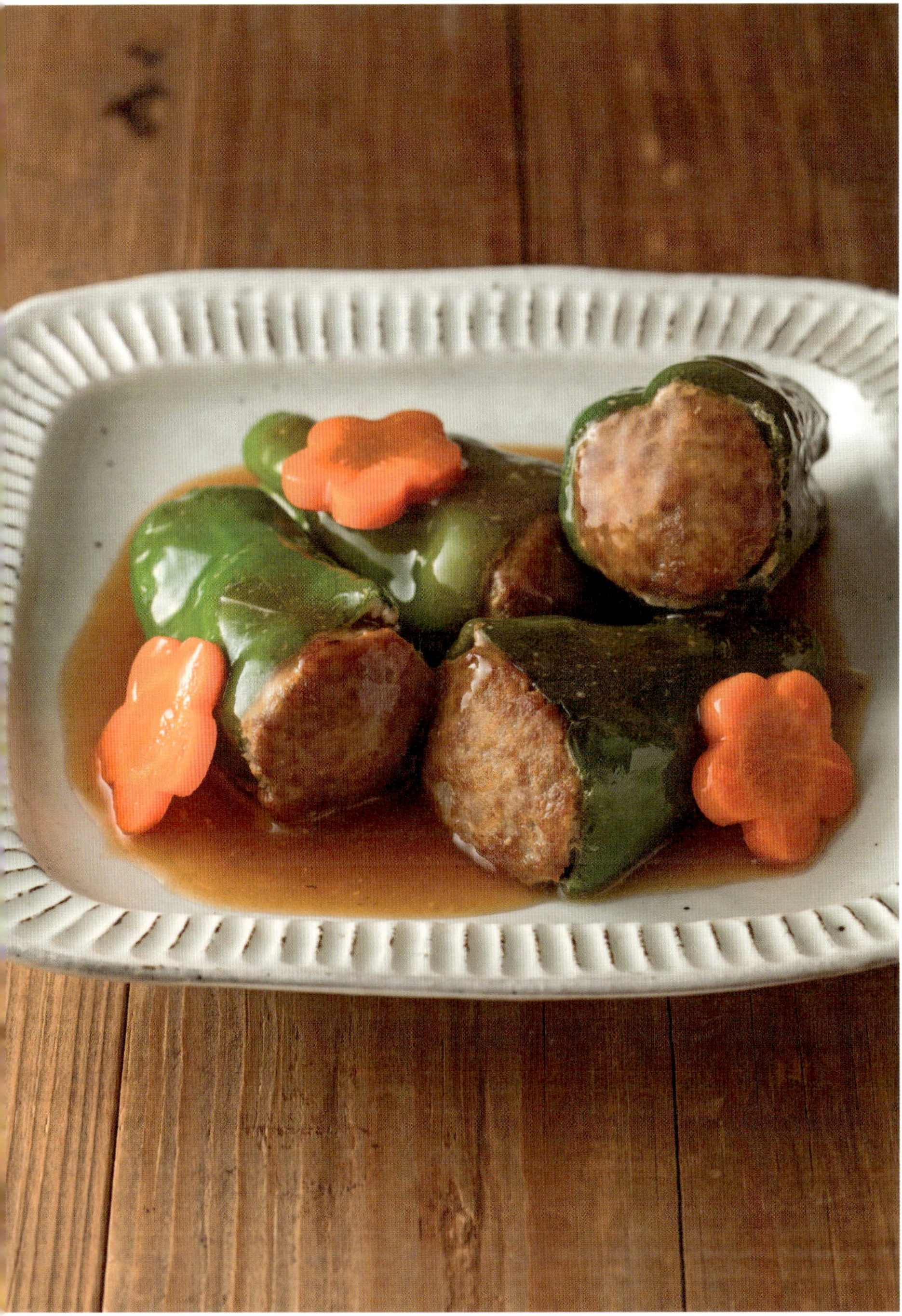

ひき肉

小松菜とトマトのひき肉カレー

いつもはコンソメを入れてカレーを煮込みますが、
トマト水煮缶を入れてみたところ、コクがあるのに軽い!!

材料（4人分）

合びき肉 …… 300g～400g
小松菜 …… 一束
ミニトマト …… 10個
玉ねぎ …… 1個
にんにく …… ひとかけ
しょうが（すりおろし） …… 小さじ1/2
水 …… 400ml
トマト水煮缶 …… 1個
コンソメ …… 1個
カレールー …… 1/2箱
カレー粉 …… 小さじ2
ウスターソース …… 大さじ2
しょうゆ …… 小さじ1
サラダ油 …… 小さじ2

つくり方

1. 玉ねぎ、にんにくはみじん切りにし、鍋にサラダ油をひいて炒める。さらにひき肉としょうがも加え、色が変わるまでしっかり炒める。
2. 1にカレー粉を入れてよく炒め、トマト水煮缶、水、コンソメを入れて15分煮る。アクをしっかり取る。
3. 2にカレールーを加えとろみがついたら、3cm長さに切った小松菜と半分に切ったミニトマトを入れてさらに10分煮る。最後にウスターソースとしょうゆを入れて味をととのえる。

Memo
軽いので朝カレーにも

小松菜とトマトをたっぷり使った、女性に好評のさっぱりカレーです。朝カレーにしても軽く食べられます。

第4章

特売品でも産地直送レベル！魚料理のレシピ

特売のえびやいかも、調理方法を工夫したり、下処理をすることでグンとおいしくなります。ポイントは加熱しすぎないことです。

えび、いかは火を通しすぎない
これだけで味わいと食感が変わります

えびは尾の先に汚れがたまっていて、それが臭みの原因になります。背わたも必ず取ってください。ただし水で洗いすぎると水っぽくなるので、私は片栗粉とお酒で下処理します。えびマヨやえびチリなど、えびを丸ごといただく料理は大ぶりのものを使いたいですよね。この下処理をすると特売品でもプリップリになるので、ぜひこのひと手間を加えてほしいと思います。
いかは特別な下処理はあまり必要ありませんが、いかもえびも火を通しすぎると固くなってしまうので注意してくださいね。

えびがプリップリになる下処理

1 塩小さじ1と片栗粉大さじ1を入れてもみ込む。

2 2〜3回水を替えて、水がきれいになるまで洗う。

3 キッチンペーパーで水分を取ると、こんなにきれいなプリップリのえびに。

4 片栗粉と酒各大さじ1をもみ込む。

えびマヨ

コクがあるのに後味はあっさり。下処理するだけで
こんなにえびがプリップリに!? と驚かれるはずです

材料（2人分）

ブラックタイガー（えび） …… 10尾
A 片栗粉 …… 大さじ1
　酒 …… 大さじ1
オリーブオイル …… 大さじ2
B マヨネーズ …… 大さじ3
　ケチャップ …… 大さじ1
　牛乳 …… 大さじ1
　砂糖 …… 小さじ1
　レモン汁 …… 小さじ1
　豆板醤 …… 小さじ1/2
　にんにく（すりおろし）
　　…… 小さじ1/2

つくり方

1. えびは下処理し（右ページ①〜③参照）、Aをもみ込む。Bの調味料は混ぜ合わせておく。
2. 熱したフライパンにオリーブオイルをひき、えびを弱火で両面焼く。少し透明になったら、カリッとさせるために最後はやや強火にして焼く。
3. Bを加え、あえるようにして軽く炒め、器に盛る。

Memo　牛乳でソースをなじませる

大さじ1の牛乳を加えると調味料が混ざりやすいです。しかも後味は軽い！　お気に入りの中華料理屋さんの味を再現しようと、何回もつくってようやく再現できた味です。

いかときゅうりの中華炒め

鶏ガラスープと酒、塩・こしょうを味のベースにした飽きのこないシンプルな味。
きゅうりって炒めると本当においしい！　ペロリといけちゃいます

材料（2人分）

いか（胴体のみ）…… 1 杯
塩・こしょう …… 少々
片栗粉 …… 少々
きゅうり …… 1 本
ごま油 …… 大さじ 1/2
A　鶏ガラスープ（顆粒）
　　　…… 小さじ 1
　酒 …… 大さじ 1
　しょうゆ …… 小さじ 1/2

つくり方

1 いかを輪切りにし、水けをキッチンペーパーでよく取り、塩・こしょうする。薄く片栗粉をはたいておく。きゅうりは細切りにしておく。

2 フライパンにごま油を熱し、強火でいかを炒める。少し火が通ってきたら、細切りにしたきゅうりを入れて短時間で炒める。最後に混ぜ合わせた**A**をからめてさっと炒める。

> **Memo　きゅうりは強火でサッと炒める**
> きゅうりに火を通すと水分がでてきます。いかも炒めすぎると固くなるので、強火でサッとつくりましょう。

いかの粒マスタードサラダ

彩り野菜と粒マスタードでおしゃれなデリ風に仕上げました。
生のピーマンの清涼な味わいもアクセントになっています

材料（2人分）

いか（胴体のみ）…… 1杯
玉ねぎ …… 1個
にんじん …… 1/3本
ピーマン …… 2個
A 酢 …… 大さじ1と1/2
　砂糖 …… 小さじ2
　粒マスタード …… 大さじ1
　オリーブオイル …… 大さじ1
　塩 …… 小さじ1/3〜1/2

つくり方

1. いかは輪切りにして、さっとゆでる。**A**を混ぜ合わせておく。
2. 玉ねぎはスライスして水にさらした後、水けをしぼる。にんじんも細切りにして塩をふって水けをしぼる。ピーマンは細切りにしておく。
3. **A**の調味料で **1** のいかと **2** を混ぜ合わせ、冷蔵庫に保存して味をなじませる。

Memo　ひと晩寝かせる
味がぼやけるので、野菜の水けをよくしぼってくださいね。ひと晩寝かせると味がよくなじみ、野菜もしんなりしておいしいですよ。

魚は下処理こそ手を抜かない！
臭みを取るだけで全然違います

鮭、たら、あじ、さば……スーパーの特売品は家計にやさしいお役立ち食材ですね。

でも、買ってきたものをそのまま調理してしまうと、少し魚臭さが気になったりしませんか？

魚を調理するときは、下処理したほうが確実においしくなります。下処理といっても、塩をふって、でてきた水分をふき取るだけでカンタンです。

まず、ひとつまみの塩を魚の両面にふります。魚全体にふりかかるようにしてくださいね。15分程度おいておくと、じわじわと水分がしみ出してきます。この水分が臭みにつながるので、キッチンペーパーなどでふき取ります。このひと手間で、ほんとうににおいしくなりますよ。

とくに、たらは皮の部分に臭いがあるので、最初に皮を外してしまってもいいと思います。

ご紹介するレシピは、いわし、あじ、鮭、さわら……と家庭でおなじみの魚ばかりです。いわしをさばに変えたり、違う魚でアレンジすることも可能なので、そのときどきの旬の魚を選んでつくってみてくださいね。

あじフライカレー風味

カレー粉を加えてよりごはんに合うおかずにバージョンアップ。
ソースをかけても、しょうゆをかけてもおいしいですよ！

材料（2人分）

あじ（頭を落として開いたもの）
　　…… 4匹
塩・こしょう …… 少々
カレー粉 …… 大さじ1
小麦粉 …… 適量
卵 …… 1個
パン粉 …… 適量
揚げ油 …… 適量
レモン汁 …… 少々
しょうゆ …… 適量

つくり方

1. あじは塩・こしょうをし、カレー粉を両面に薄くまぶす。
2. 小麦粉、溶き卵、パン粉の順につけて、180℃の油できつね色に揚げる。お好みでレモン汁、しょうゆをかけていただく。

> **Memo** カレー粉はあじに直接ふりかける
> 衣に混ぜずに直接ふったほうがしっかりカレー味がついておいしいです。衣に粉チーズを混ぜてあげるとお子さんウケもバッチリ！

さばのカリカリ焼きに自家製梅ドレッシング

小麦粉を薄くつけて揚げ焼きしたクリスピーな食感。みょうがや大葉などの香味野菜もたっぷりのせて、さわやかに召し上がれ

材料（2人分）

生さば（半身）…… 1/2尾
酒 …… 大さじ1
しょうが汁 …… 小さじ1
小麦粉 …… 大さじ1

梅ドレッシング

A 梅干し …… 3個
　（たたいてつぶしておく）
　ポン酢 …… 大さじ2
　砂糖 …… 小さじ1
　しょうゆ …… 小さじ1
　サラダ油 …… 大さじ1
大葉 …… 2枚
みょうが …… 1本

つくり方

1. 生さばは2㎝厚さに切って、酒としょうが汁を混ぜたものに30分漬けて臭みを取る。キッチンペーパーで水けを取り、薄く小麦粉をまぶす。Aの材料を混ぜ合わせておく。
2. フライパンに多めに油を入れ、さばを160℃くらいの中温で揚げ焼きにする。
3. お皿に盛りつけ、細切りにした大葉とみょうがをのせ、Aをたっぷりかけていただく。

Memo　プラスしょうがで臭みを取る
さばはやや臭みが強いので、酒としょうが汁に漬けています。「梅ソース」（P58参照）でもおいしくいただけますよ。

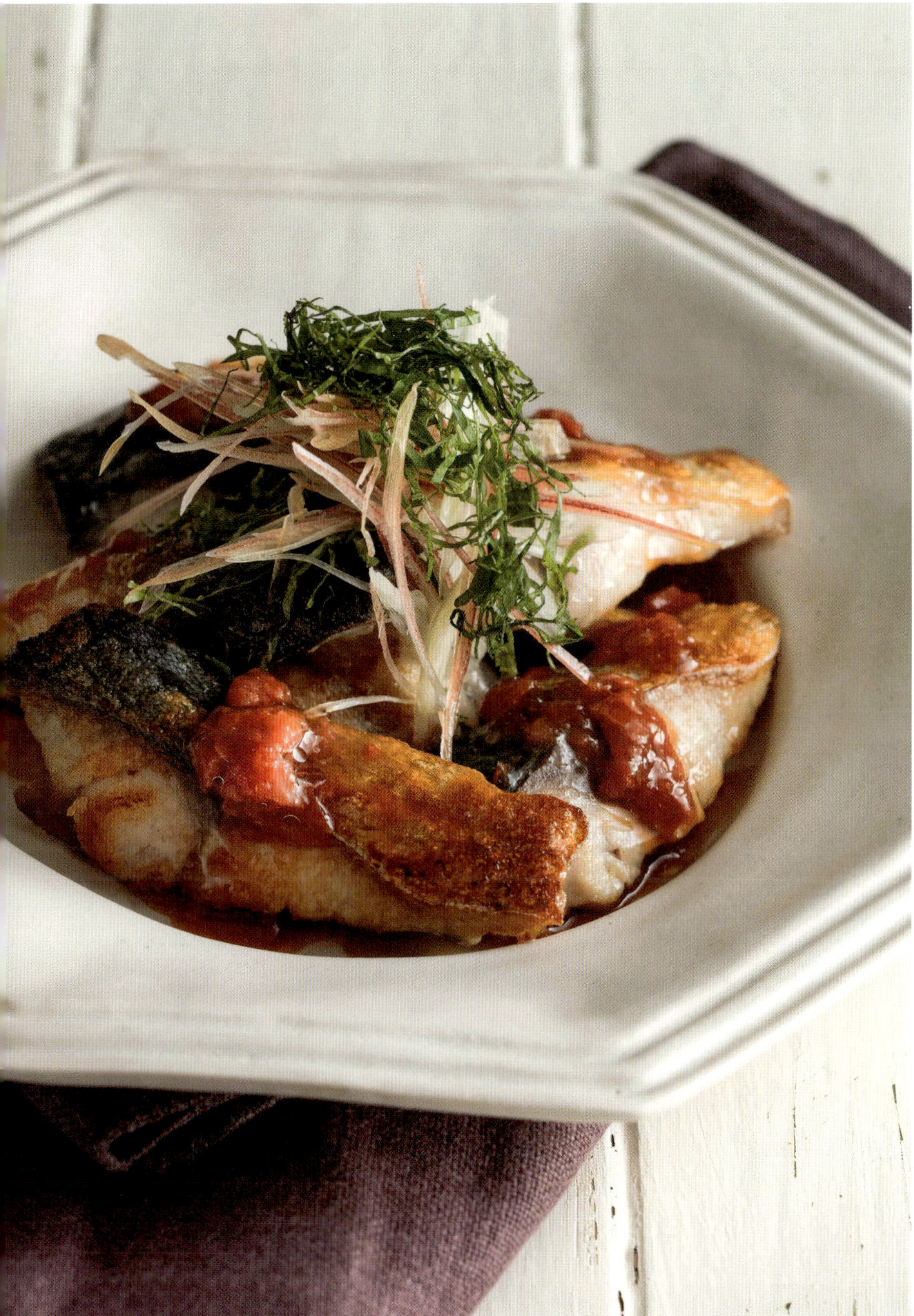

鮭の南蛮漬け

漬けだれのかくし味にだし汁を加えたやさしい味。
「あれつくって！」とリクエストが多い、我が家の定番です

材料（2人分）

生鮭 …… 2切れ
玉ねぎ …… 1/4個
パプリカ …… 1/2個
ピーマン …… 1個
塩・こしょう …… 少々
A 酢 …… 大さじ3
　しょうゆ …… 大さじ3
　だし汁 …… 大さじ3
　砂糖 …… 大さじ1
　鷹の爪（小口切りのもの）
　　　…… 少々

つくり方

1. 鮭は1切れを3等分にして塩・こしょうをしておく。
2. 野菜は薄切りにして耐熱容器に入れ、レンジで2分加熱する。
3. **1**に小麦粉をまぶして170℃の油でカラッと揚げる。
4. 混ぜ合わせた**A**に**2**の野菜と**3**の鮭を漬ける。

Memo　焼いた鮭でもつくれる！
揚げるのがちょっと大変なら、焼いた鮭でもOK。野菜はレンチンして軽くしんなりさせて野菜の甘みを引き出してくださいね。

たらのタルタルソース焼き

タルタルソースはそのままかけてもいいのですが、トースターで焼くことで香ばしさをプラスできます。白ワインにも合う濃厚な味わいです

材料（2人分）
たら …… 2切れ
塩・こしょう …… 少々
小麦粉 …… 大さじ1
オリーブオイル …… 大さじ1
タルタルソース …… 全量
（P57参照）

つくり方
1 タルタルソースをつくる（P57参照）。
2 たらは皮を取り除き、軽く塩・こしょうをして（塩だらを使う場合は必要ありません）小麦粉をつけて、熱したフライパンにオリーブオイルをひいて焼く。
3 両面が軽く焼けたらフライパンからたらを取り出し、アルミホイルにのせて 1 を上にのせ、トースター（1000 W）で3分焼く。

Memo　最後の仕上げはトースターで
たらはタルタルソースをのせて再度焼くので、直火で焼きすぎないようにしてくださいね。

さわらのホイル焼き

バター&ポン酢の間違いないおいしさ！
魚の身がふんわり仕上がります

材料（2人分）

さわら …… 2切れ
長ねぎ …… 1/2本
しめじ、えのき …… 各1/2袋
塩・こしょう …… 少々
酒 …… 小さじ1
ポン酢 …… 大さじ2
バター …… 10g

つくり方

1. 長ねぎを5mm幅の斜めの薄切りに、しめじ、えのきは石づきを取って小房に分けておく。
2. アルミホイルに刻んだねぎをひいてさわらをのせ、軽く塩・こしょうをして酒をふりかける。その上にえのきとしめじ、バターをのせ、ポン酢をかけたら、アルミホイルをしっかり閉じる。
3. フライパンに水100ml（分量外）を入れて、弱めの中火で約10分蒸し焼きにする。

Memo　ねぎは魚の下に敷く
魚がホイルにくっつかず、魚からでたうま味がねぎにしみ込むダブルの効果があります。

まぐろのステーキ

お刺身用のまぐろをミディアムレアに焼いてステーキに。バターのコクが加わり、リーズナブルなまぐろとは思えないほどですよ

材料（2人分）

まぐろの柵
（びんちょうまぐろでも可）
　　…… 150～200g
塩 …… 適量
黒こしょう …… 適量
バター …… 10g
にんにく …… 1かけ

バターしょうゆ
しょうゆ …… 大さじ1

わさび塩
練りわさび（チューブ）…… 3cm
塩 …… 1つまみ

つけあわせ
大根（すりおろし）…… 5cm
かいわれ菜 …… 1/4パック

つくり方

1 焼く直前にまぐろの柵の両面に、塩と黒こしょうを、やや多めにふる。

2 バターをフライパンで熱して、スライスしたにんにくと一緒にまぐろを入れ、まぐろの表面を焼く。

3 表面だけ焼けたらまぐろを取り出し、残っているにんにくをカリカリになるまで炒めてから取り出す。同じフライパンにしょうゆを入れてバターしょうゆもつくる。

4 まぐろを1cm幅に切り、器に盛る。大根おろしとかいわれ菜を混ぜ合わせてつけあわせにそえる。*3*のバターしょうゆと、練りわさびに塩を混ぜたわさび塩をそえる。

Memo　ミディアムレアに焼く
火を通しすぎると身がボソボソしてしまうので、まぐろの焼き加減は表面をこんがり、中はレアに仕上げてくださいね。

いわしの蒲焼き

母直伝のたれで煮つけた我が家の伝統の味です。
1枚目はそのまま、2枚目はわさびを加えてお茶漬けにしても

材料（2人分）

いわし（開いたもの）…… 4匹
酒 …… 大さじ2
しょうが（すりおろし）
　…… 小さじ1
小麦粉 …… 大さじ1
サラダ油 …… 大さじ1
A 砂糖 …… 大さじ1
　みりん …… 大さじ2
　しょうゆ …… 大さじ3
　しょうが（すりおろし）
　　…… 小さじ1

つくり方

1. いわしに酒、しょうがのすりおろしを混ぜ合わせたものを、まぶしておく。Aを混ぜ合わせてたれをつくる。
2. いわしの水けをキッチンペーパーで取り除き、薄く小麦粉をまぶす。フライパンにサラダ油を熱し、焼く。
3. フライパンに残った油をふき取って、Aを入れて2とからめる。

Memo　調理済みのいわしだとカンタン
いわしの処理がめんどうな場合は、調理済み（開かれたもの）を活用してください。便利なものはどんどん使っていきましょう〜。

第5章

あと一品ほしいときに！
副菜＆おつまみ

我が家で好評の副菜レシピを集めました。15秒あえるだけのものから、ちょこっと加熱するだけで完成するものまで。おつまみにするのもおススメです。

ほぼ15秒あえるだけ!

Recipe 1
ズッキーニの ひらひらサラダ

材料（2人分）
ズッキーニ 1本、A［塩 小さじ1/3、レモン汁 大さじ1、オリーブオイル 大さじ1］、黒こしょう 少々、クミンシード（なければ、カレー粉）少々

つくり方
1 ズッキーニをスライサーで縦に薄くスライスする。*2* ボウルにAの材料を混ぜ合わせ、*1*を入れる。*3* しんなりしたらお皿に盛り付け、残ったたれをまわしかけて黒こしょう、クミンシードをふる。

Memo **パンチのあるスパイスを**
クミンシードがなければ、カレー粉でも。ズッキーニとクミンはほんとうによく合うので、ぜひ試してもらいたいです。

Recipe 2
うま塩キャベツ

材料（2人分）
キャベツ 2〜3枚、A［ごま油 大さじ1、塩 小さじ1/2、鶏ガラスープ（顆粒）小さじ1/2、すりおろしにんにく 少々］

つくり方
1 キャベツは洗って大きめにちぎる。*2* ボウルにAの材料を混ぜ合わせ、キャベツを入れてあえる。好みで七味唐辛子をふっていただく。

Memo **鶏ガラスープがかくし味**
調味料を混ぜるときに、鶏ガラスープをよく溶かしてくださいね。キャベツは手でちぎったほうが味のなじみがよくなります。

Recipe 3
クリームチーズの アーモンドがけ

材料（1人分）
クリームチーズ（個包装）1個、アーモンド 5粒、塩 小さじ1/3、オリーブオイル 小さじ1

つくり方
1 クリームチーズの上に、刻んだアーモンドをのせる。*2* 塩をふり、オリーブオイルをかけ、好みで黒こしょうをふっていただく。

Memo **アーモンドはざっくり刻んで**
刻んだ大きさや形が揃ってなくても大丈夫。そのほうがアーモンドの歯ごたえとねっとりとしたチーズの食感を楽しめますよ。

Recipe 4
モロッコいんげんの 黒ごまあえ

材料（2人分）
モロッコいんげん 8本（または、さやいんげん 15本）、A［しょうゆ 大さじ1、砂糖 大さじ1、黒すりごま 大さじ2］

つくり方
1 鍋に湯をわかし、塩ひとつまみ（分量外）を入れてモロッコいんげんをやや固めにゆでて、ざるにあげる。*2* ボウルにAの材料を混ぜ合わせ、食べやすい大きさに切ったいんげんを入れてあえる。

Memo **いんげんはゆですぎない**
余熱でやわらかくなるので、ちょっとゆで時間が足りないかな？　ぐらいでざるにあげるのがポイント。ごまは白すりごまでもOKです。

Recipe 1

こんな感じで花びらのように盛りつけると、テーブルの上が華やぎます。ひらひらとした食感も楽しいサラダです。

Recipe 2

ごま油とにんにくの香りが食欲をそそります。食べるときに七味唐辛子をふってピリッとさせてもおいしいですよ。

Recipe 3

簡単すぎるのにおしゃれなお気に入りのおつまみ。黒こしょうのスパイシーさがビールによく合います。他のナッツでもOKです。

Recipe 4

しょうゆ、砂糖、すりごまの組み合わせは、さまざまなゆで野菜にも。味がなじみやすいので、ゆでたてのうちにあえてくださいね。

ほぼ15秒あえるだけ！

Recipe 5
ぽりぽりきゅうり

材料（2人分）
きゅうり 1本、A［塩 小さじ1/2、和からし 小さじ2］

つくり方
1 きゅうりはピーラーで3カ所ほど縦に皮をむく。*2* Aの材料を混ぜ合わせて広げたラップに塗り、きゅうりを包んで冷蔵庫に半日置く。*3* 食べるときにさっと水洗いし、ひと口大に切る。

Memo 和からしのほんのりした辛さ
洋がらしでもつくれますが、和がらしのほうが辛みがやさしいです。半日置くだけなので、ぽりぽりとした食感も残ります。

Recipe 6
なすのバターポン酢

材料（2人分）
なす 2本、ポン酢 大さじ4〜5、大葉 4枚分、バター 10g、サラダ油 大さじ2

つくり方
1 なすはヘタを落としてガクを取り除き、縦半分に切る。皮に浅い切れ目を斜めに入れる。*2* フライパンに油を熱し、途中で上下を返しながら中火に近い弱火でしんなりするまで焼く。*3* 焼きあがったらポン酢をからめ、お皿に盛って、せん切りにした大葉、バターをのせる。

Memo なすの切れ目がおいしい秘密
切れ目を入れることでポン酢やバターがしっかりしみ込み、確実においしくなります。中火だとなすの皮がこげやすいので要注意！

Recipe 7
長いもキムチ

材料（2人分）
長いも 6cm、白菜キムチ 適量、和風ドレッシング（市販）適量、刻みのり 少々

つくり方
1 長いもは皮をむいて3cm長さの短冊切りにする。*2* 1を器に盛ってその上にキムチをのせ、ドレッシングをかけて刻みのりをのせる。

Memo ドレッシングが味の決め手
辛いものが苦手な人でもパクパク食べられますよ。ノンオイルの青じそドレッシングなどもおススメです。

Recipe 8
ピーマンの塩昆布あえ

材料（2人分）
ピーマン 大2個、ごま油 小さじ1、塩昆布 ひとつまみ、いりごま 小さじ2

つくり方
1 ピーマンは種を取って細切りにし、耐熱容器に入れてごま油をまぶす。*2* ラップをして電子レンジで1分30秒〜2分加熱し、熱いうちに塩昆布といりごまを加えてあえる。

Memo ごま油はレンチン前に
油をかけてからレンチンすると、加熱されて炒めたような食感になり、味がなじみやすくなります。

Recipe 5

これ…写真だとほとんどわからないかもしれませんが、ピリリとからしがきいた、食べてびっくりのおつまみです。

Recipe 6

バターは食べる直前にオン。ジュワ〜ッと溶ける様子がたまりませんよ。ポン酢を使っているので後味はさっぱりしています。

Recipe 7

和風のドレッシングとキムチが意外に合うんです。長いも＋キムチのおなじみの組み合わせも、ちょっと違った味わいになります。

Recipe 8

ピーマンの太さは細すぎず、太すぎずがベストです。塩昆布の替わりに、ちりめんじゃこをかけてもおいしいですよ。

ほぼ15秒あえるだけ!

Recipe 9
ゆず茶と大根のサラダ

材料（2人分）
大根 5cm、**A**[ゆず茶 大さじ2、オリーブオイル 大さじ1、酢 大さじ3、塩・こしょう 少々]

つくり方
1 大根は皮をむき、スライサーで薄切りにして皿に並べる。*2* **A**の材料を混ぜ合わせ、大根の上にまわしかける。

Memo かくし味はゆず茶
ゆず茶は調味料としてもお役立ち。生のゆずを刻んだり、しぼったりするよりも簡単ですよ。しょうゆを少したらすと和風仕立てになります。

Recipe 10
豆腐の玉ねぎ冷奴

材料（2人分）
豆腐 1/2丁、玉ねぎ 1/2個、かつおぶし（小分けパック）1パック、**A**[しょうゆ 大さじ1、サラダ油 大さじ1]

つくり方
1 玉ねぎは薄切りにして水にさらし、水けをしぼる。*2* *1*にかつおぶしと**A**を加えて混ぜ合わせ、豆腐にのせる。

Memo 玉ねぎはしんなりさせてから
かつおぶしと調味料と混ぜ合わせ、しんなりしたら豆腐にのせてください。玉ねぎにしっかり味がしみておいしく食べられます。

Recipe 11
丸ごとアボカドののり納豆のせ

材料（2人分）
アボカド 1個、**A**[小粒納豆 大さじ1、マヨネーズ 小さじ2、のり佃煮 小さじ2]

つくり方
1 アボカドを縦半分に切り、種を取り除く。*2* **A**を混ぜ合わせ、種を取ったくぼみにのせる。好みで一味唐辛子をふる。

Memo 熟したアボカドを使って
納豆と混ぜ合わせながらいただくので、アボカドはやわらかく熟したものを使ってくださいね。

Recipe 12
なめたけと枝豆のおろしあえ

材料（2人分）
大根 4cm、ポン酢 小さじ2、枝豆（豆のみ）大さじ2、なめたけ（瓶詰）大さじ2

つくり方
1 大根は皮をむいておろし、水けをしぼる。*2* *1*をポン酢、枝豆、なめたけと混ぜ合わせる。

Memo 大根はしぼりすぎないで
大根のおろし汁にはうま味がたっぷり含まれているので、軽くしぼる程度に。枝豆は冷凍でもOKです。

Recipe 9

ゆずの皮をアクセントに使って、大根をお皿に丸く広げるように盛りつけるときれいです。大根の代わりにトマトもおススメ！

Recipe 10

玉ねぎは写真ぐらいしんなりさせてくださいね。豆腐以外にスライストマトなどにかけてもおいしくいただけます。

Recipe 11

アボカド1/2個はかなり食べ応えがあります。アボカドと納豆を自分好みの割合で食べられるのでおススメです。

Recipe 12

枝豆のグリーンが鮮やかな、おつまみにも副菜にもなる一品です。ゆずこしょうでさわやかな辛みを加えてもおいしいですよ。

サラダ系おつまみ

Recipe 13
きゅうりとクリームチーズの生ハム巻き

材料（2人分）
きゅうり 4cm、クリームチーズ（個包装）1個、生ハム 4枚、**A**［マヨネーズ 大さじ1、ヨーグルト 小さじ2、レモン汁 小さじ1/2］

つくり方
1 きゅうりは縦に4等分に切り、クリームチーズも4等分に切る。*2* 生ハムできゅうりとクリームチーズを巻いて、**A**を混ぜ合わせたソースをかける。あればパセリを散らす。

Memo **きゅうりとチーズは揃える**
大きさを揃えると、味のバランスがいいのはもちろんのこと、半分に切ったときに断面がきれいです。

Recipe 14
もずくとラディッシュのサラダ

材料（1人分）
ラディッシュ 2個、長いも 1cm、もずく酢（小分けカップ）1個、レモン汁 小さじ1

つくり方
1 ラディッシュは皮ごと輪切りにし、長いもは皮をむいて1cm角のさいの目切りにする。*2* もずく酢に*1*とレモン汁を入れて混ぜ合わせる。

Memo **ラディッシュのかわいい使い道**
きゅうりでも合いますが、見た目にかわいいのでラディッシュを使います。輪切りにすると食べやすいです。

Recipe 15
豆サラダ

材料（2人分）
ミックスビーンズ（缶詰）120g、クリームチーズ（個包装）2個、マヨネーズ 大さじ1、塩・こしょう 適量

つくり方
1 ミックスビーンズはざるにあげて水けをきる。クリームチーズとマヨネーズをよく練って、塩で味をととのえる。*2* *1*をすべて混ぜ合わせ、好みで黒こしょうをかけていただく。

Memo **クリームチーズはよく練る**
クリームチーズは先にマヨネーズとよく練り合わせておきましょう。豆と一緒に混ぜると豆がつぶれて見た目が悪くなっちゃいます。

Recipe 16
ほたてと大根のサラダ

材料（2人分）
大根 1/3本、ほたて缶（小）1缶、マヨネーズ 大さじ3、塩・こしょう 少々、かいわれ菜 適量

つくり方
1 細切りにした大根をボウルに入れて塩をふり、水分がでてきたら水けをきる。*2* *1*にほたて缶を汁ごと加え、マヨネーズを入れて、塩・こしょうで味をととのえる。

Memo **ほたて缶の汁で味つけ**
大根には塩をして余分な水けを切っておきます。このひと手間が大事。ほたて缶の汁とマヨネーズだけで濃厚なおいしさになります。

Recipe 13

華やかな見た目でおもてなしにもおススメ。マヨネーズにヨーグルト、レモン汁をプラスしたさわやかなドレッシングでいただきます。

Recipe 14

ツルツルとしたもずくの中に、ラディッシュと長いもの2つの違った種類の食感を入れてみました。いまでは我が家の定番です。

Recipe 15

缶詰の豆がおしゃれなおつまみに変身！ 濃厚な味わいなので、いただくときに黒こしょうをたっぷりきかせるとおいしいです。

Recipe 16

全体的に白っぽく仕上がるので、お好みでトマトやかいわれ菜を飾るときれいです。

サラダ系おつまみ

Recipe 17
白菜と柿のサラダ

材料（2人分）
白菜 2枚、柿 1個、塩 小さじ1/2、オリーブオイル 小さじ2、

つくり方
1 白菜をそぎ切りにして耐熱容器に入れ、ラップをかけて電子レンジで1～2分加熱してしんなりさせる。*2* 1が冷めたら水分をしぼり、塩、オリーブオイルを混ぜ合わせ、皮をむいてくし切りにした柿を入れてあえる。

> **Memo　加熱は余熱分を考慮して**
> 白菜だけに限らず、野菜をゆでたり、レンチンする場合、余熱でやわらかくなるのでその分を差し引いて加熱するのがベター。熱を通し過ぎると歯ごたえがなくべちゃべちゃします。

Recipe 18
長いも、きゅうり、みょうがのコロコロサラダ

材料（2人分）
長いも 5cm、きゅうり 1本、みょうが 1個、梅干し 1個、和風ドレッシング 大さじ2～3

つくり方
1 長いもは皮をむいて1cmのさいの目切りに、きゅうりも同じくさいの目切りにする。みょうがは輪切りにする。*2* 梅干しを包丁でたたいて和風ドレッシングに混ぜ合わせる。すべての材料をふた付きの容器に入れて、容器をふって全体を混ぜ合わせる。

> **Memo　フリフリしてねばりを出す**
> 保存容器にすべての食材を入れ、ふって混ぜるだけ。長いものねばりができてきて、フワッとした口当たりに。

Recipe 19
にんじんのツナラー油あえ

材料（2人分）
にんじん 1本、ツナ缶（油漬け） 小1缶、ラー油 小さじ1、塩 小さじ1/2、黒こしょう 少々、すりごま 少々

つくり方
1 にんじんは4cm幅の細切りにし、油を軽くきったツナ缶と混ぜ合わせ、電子レンジで3分ほど加熱する。*2* にんじんが熱いうちに塩、ラー油を混ぜ合わせて器に盛り、黒こしょう、すりごまをかけていただく。

> **Memo　ツナ缶がいい味わいになる**
> ツナ缶のオイルはきりすぎないのがコツ。油があるおかげでレンチンしたとき炒めたようになります。

Recipe 20
サーモンロール

材料（2人分）
クリームチーズ(個包装) 2個、スモークサーモン 6枚、**A**［マヨネーズ 大さじ1、スイートチリソース 大さじ1］、トルティーヤ（市販）2枚、レタス 2枚

つくり方
1 クリームチーズは棒状になるように4等分に切る。**A**を混ぜてソースをつくる。*2* 皿の上にラップを敷き、その上にトルティーヤ、レタス、スモークサーモン、クリームチーズ、**A**のソースを順にのせる。端から具を包み込むように巻き、食べやすい大きさに切っていただく。

> **Memo　きつめに巻くのがコツ**
> トルティーヤは少しきつめに巻いてください。切ったときにバラバラになりにくく、きれいに仕上がります。

Recipe 17

柿ってサラダにしてもおいしいんです。めずらしい組み合わせですが、甘さと塩味のコンビネーションが後を引きますよ。

Recipe 18

食材を混ぜ合わせてから、そのまま1日置いてもおいしくいただけます。

Recipe 19

にんじんの細切りがめんどうな場合は、スライサーで薄くすればOK。しっかりした味わいなのでお弁当のおかずにもおススメです。

Recipe 20

中にソースを入れて巻いているので、ひと口で気軽に食べられるおつまみです。

ちょっと加熱して完成

Recipe 21
白菜サラダ

材料（2人分）
白菜 1/4個、すりごま 大さじ1、かつおぶし（小分けパック）1パック、A［和風だし（顆粒）小さじ1、マヨネーズ 大さじ3、柚子こしょう 小さじ1/2］

つくり方
1 白菜を1cm幅の細切りにし、耐熱容器に入れて電子レンジで2〜3分加熱する。粗熱が取れたら水けをしぼる。*2* Aの材料を混ぜ合わせ、*1*をあえる。すりごま、かつおぶしを混ぜていただく。

Memo ザクザク切って、レンチン
白菜から水分がでてくるので、和風だしも溶け残ることなくしっかりなじみます。

Recipe 22
はんぺん焼き

材料（2人分）
はんぺん 1枚、大葉 3枚、桜えび 大さじ1、すりおろした長いも 大さじ2、片栗粉 大さじ1、だししょうゆ（なければ、めんつゆ）小さじ1、ごま油 小さじ2

つくり方
1 大葉はせん切りにし、ごま油以外の材料とともにボウルに入れて手で混ぜ合わせる。*2* フライパンにごま油を熱し、*1*を大きめのさじですくってフライパンに落として焼く。片面が焼けたら裏返して反対もこんがり焼く。

Memo 長いもは手で混ぜ合わせる
長いもはしっかり混ぜ合わせてくださいね。外はこんがり、中はフワフワ、モチモチに仕上がります。

Recipe 23
アボカドのソテー

材料（2人分）
アボカド 1個、A［マヨネーズ 大さじ1、ケチャップ 小さじ1、レモン汁 小さじ1］、小麦粉 大さじ1、オリーブオイル 大さじ1、塩・こしょう 少々

つくり方
1 Aの材料を混ぜ合わせてソースをつくる。アボカドをやや厚めにスライスし、両面に薄く小麦粉をつけてオリーブオイルで焼く。塩・こしょうで味をととのえる。*2* 焼きたてを、*1*のソースをつけながらいただく。

Memo 小麦粉は薄くつける
軽やかに仕上げたいので小麦粉は軽くつけるだけ。アボカドって焼くだけでグンとおいしくなるんです。

Recipe 24
卵とちりめんじゃこのふわふわ炒り卵

材料（2人分）
卵 2個、ちりめんじゃこ 大さじ1、だししょうゆ 小さじ1、サラダ油 小さじ2、刻みのり 少々

つくり方
1 卵を割り溶き、ちりめんじゃこ、だししょうゆを混ぜ合わせる。*2* フライパンに油を熱し、*1*を流し入れ菜箸で空気をふくむようにかき混ぜる。*3* 半熟のうちに火を止める。刻みのりをかけていただく。

Memo 卵を炒めすぎないこと
フライパンに卵を流し入れたら、ざっくり混ぜるだけ。半熟のうちに火を止め余熱で火を通します。

Recipe 21

かつおぶしとマヨネーズの味がごはんによく合います。白菜1/4個がペロリと食べられちゃいますよ。

Recipe 22

カルシウムたっぷりなので、お子さんのおやつにもオススメ。からしじょうゆで食べるとおいしいです。

Recipe 23

焼きたてのアボカドがスナック感覚でいただけます。フリットのような衣の軽やかさとト
ロ〜っとしたアボカドが最高です。

Recipe 24

食べる直前につくって、できたてをアツアツなうちにどうぞ。このままごはんにのっけて、ふわふわ炒り卵ごはんにするのもオススメ。

ちょっと加熱して完成

Recipe 25
薄揚げのピリ辛みそ
チーズ焼き

材料（2人分）
油揚げ 1枚、**A**［みそ 大さじ1、コチュジャン 小さじ1、みりん 小さじ1］、ピザ用チーズ お好みの量、刻みのり 少々

つくり方
1 **A**を混ぜ合わせ油揚げに塗る。その上にピザ用チーズをのせて、トースター（1000W）で2分焼く。*2* 食べやすい大きさに切り、刻みのりをかける。

Memo いろいろ使えるピリ辛みそだれ
みそ、コチュジャン、みりんでつくるピリ辛みそは炒め物の調味料としてもお役立ち。加熱調理に向いています。

Recipe 26
パプリカとウィンナーの
オイマヨ炒め

材料（2人分）
パプリカ 1/2個、あらびきウインナー 1袋、マヨネーズ 大さじ2、豆板醤 小さじ1/2、オイスターソース 小さじ1

つくり方
1 パプリカを細切りに、ウインナーは斜め半分に切る。*2* フライパンにマヨネーズを入れて熱し、*1*を炒める。油がまわったら豆板醤を入れて炒め、さらに最後にオイスターソースを入れて混ぜ合わせる。

Memo じつは使える中華料理系調味料
豆板醤で辛味、オイスターソースでコクを出しています。ごはんとの相性がいいのでお弁当のおかずにも！

Recipe 27
白ねぎのごま
オイスターソース漬け

材料（2人分）
長ねぎ 1本、ごま油 小さじ1、**A**［水 小さじ2、しょうゆ 小さじ2、オイスターソース 小さじ1］、かつおぶし（小分けタイプ）1パック

つくり方
1 長ねぎを5cm長さに切り、熱したフライパンにごま油をひき、こんがり焼く。*2* **A**を混ぜ合わせ、*1*を10分ほど漬け込む。味がついたらお皿に盛り、かつおぶしをかけていただく。

Memo ごま油で焼くと風味アップ
サラダ油でも代用できますが、ごま油で焼くと独特の香ばしさが加わってさらにおいしくなります。

Recipe 25

薄揚げをピザ生地に見立てた、和風ピザのようなおつまみ。ビールはもちろん、みそを使っているので日本酒にも合います。

Recipe 26

一見よくあるウインナー炒めですが食べてみるとその違いは歴然ですよ！　中華料理系の調味料ってウインナーにも合うんです。

Recipe 27

長ねぎ1本をペロリと食べられちゃう我が家の人気のメニューです。焼きたてはもちろん、冷やしてもおいしくいただけますよ。

コラム

お気に入りの器たち

気合いを入れすぎず、でも抜きすぎず。毎日テーブルコーディネートを楽しんでいます。
時々ブログ読者の方から器使いについて質問をいただくので、その一部をご紹介しますね。

献立を考えたら、テーブルに器を並べて

料理をつくるときは、テーブルにお皿を並べて全体像をイメージすることからはじめます。いつも使っているのは北欧食器。さらに、白山陶器、小鹿田焼などです。北欧食器が好きな理由は、和食器とも相性がよいこと。シンプルな中にも華やかさがあり、丈夫でほとんどの食器がオーブン対応なのも便利です。

小鉢があれば自由自在

華やかなテーブルづくりには、色や形、高低差をつけるのもポイント。小鉢が役立ちます。ちょっとずつ、いろんなおかずをのせて出すとパパさんも大喜びです(笑)。

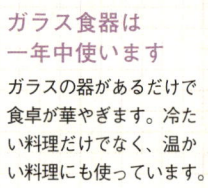

ガラス食器は一年中使います

ガラスの器があるだけで食卓が華やぎます。冷たい料理だけでなく、温かい料理にも使っています。

大胆な柄のお皿をアクセントに

服のコーディネートと同じで、どこかにワンポイントを入れるようにしています。存在感があり、テーブルが引き締まります。

第6章

時間がないときの強い味方
つくりおき常備菜

我が家のパパさんは、ごはんよりもおかず派。テーブルがおかずでいっぱいだと喜ぶのですが、毎晩1から全部つくるのはちょっと大変。常備菜を使いこなしてがんばってます！

不足しがちな野菜をたっぷりと

セロリの洋風ひらひら漬け

保存 冷蔵3日

材料（保存容器1個分）
にんじん 1本、セロリ 1本、**A**［はちみつ 大さじ1、レモン汁 大さじ1、酢 大さじ1、オリーブオイル 大さじ2、塩 小さじ1/3、粒マスタード 小さじ1］

つくり方

1 にんじんは皮をむいてピーラーで薄くスライスする。セロリもスジを取り、ピーラーで薄く切る。*2* **A**を混ぜ合わせ*1*を漬け込む。セロリの葉はひと口大に分け、一緒に漬け込む。30分くらい冷蔵庫に置いて漬けていただく。

Memo　セロリの葉も一緒に漬け込む
セロリの葉は香りが強く、風味づけになります。捨てるのはもったいない。一緒に漬け込んじゃいましょう。

粒マスタードやはちみつを加えてデリ風の味つけにしています。レーズンも入れると甘酸っぱさが増しておいしい！

大根の甘酢漬け

保存 冷蔵4日

材料（保存容器1個分）
大根 1/3本、**A**［酢 大さじ4、レモン汁 大さじ1、砂糖 大さじ5、塩 大さじ1/2、鷹の爪 少々］

つくり方

1 大根は皮をむいて薄い半月切りにし、混ぜ合わせた**A**に漬け込む。*2* 冷蔵庫で半日くらい置いてからいただく。

長く漬けておくと酸味が強くなってきます。私はにんじんやセロリなどを追加して、数日間にわたって楽しんでいます。

Memo　和風ピクルスが簡単に
酢や砂糖でつくる漬けだれなので、和風ピクルスのような味わいに。野菜を選ばず漬けられます。

トマトの ポン酢漬け

保存 冷蔵 3日

材料（保存容器1個分）
トマト（中）1個、ポン酢 100ml、砂糖 大さじ3、みょうが1個

つくり方
1 トマトを湯むきし、6等分に切る。*2* ポン酢に砂糖を加えて *1* を漬け、15分くらい冷蔵庫に置く。*3* みょうがを輪切りにし、トマトの上にのせていただく。

Memo　トマトは必ず湯むきして！
湯むきしたほうがしっかり味がしみ込むので、めんどうでもこのひと手間をおススメ！

食べるときにみょうがをたっぷり添えていただきます。ポン酢＋砂糖の意外な組み合わせが新鮮。熟してないトマトもおいしくなります。

トマトはさまざまな味つけでアレンジできます

我が家ではトマトの常備菜がよく登場します。トマトはどんな調味料とも相性がいいのと、見た目もかわいいのでつくっておくと便利なんです。

プチトマト はちみつレモン

保存 冷蔵 3日

材料（保存容器1個分）
ミニトマト 10個、はちみつ 大さじ1、レモン汁 大さじ2

つくり方
1 ミニトマトは皮を湯むきする。*2* はちみつとレモン汁を混ぜて *1* を漬け込み、15分ほど冷蔵庫で置く。

Memo　漬け汁も飲み干せる
通常サイズのトマトでもOKです。フルーツトマトを使うとよりデザート感がアップしますよ。

不足しがちな野菜をたっぷりと

汁も飲める ラタトゥイユ

保存 冷蔵5日

材料（保存容器1個分）
ズッキーニ 1本、なす 中1本、パプリカ 1/2個、セロリ 1本、玉ねぎ 1/2個、トマト 大1個、にんにく 2かけ、オリーブオイル 大さじ3、トマト水煮缶 200g、白ワイン 大さじ3、固形コンソメ 1と1/2個、ローリエ 1枚

つくり方
1 野菜はそれぞれ大きめのひと口大に切る。にんにくは薄くスライスする。*2* 鍋にオリーブオイルを熱して*1*のにんにくを炒め、トマト以外の野菜を中火で炒める。全体に油がまわったらトマト水煮缶、白ワイン、固形コンソメ、トマトを入れて煮込む。*3* 沸騰したら弱火にし、ローリエを加えて煮込む。汁が1/3くらいに煮詰まったら火を止める。

トマトの水分で煮詰めます。煮汁は薄味にしているので、汁ごと野菜のうま味をいただけます。

Memo　トマト水煮缶を使います
野菜だけで煮詰めるのが一般的ですが、トマト水煮缶を入れて煮汁たっぷりにするのが我が家流です。

大根の葉っぱの ふりかけ

保存 冷蔵3日

材料（保存容器1個分）
大根の葉 1本分、ごま油 大さじ1/2、しょうゆ 大さじ1、砂糖 大さじ1、酒 大さじ1、いりごま 適量

つくり方
1 鍋にお湯を沸かして大根の葉をゆで、水けをしっかりしぼってから1cm幅に切る。*2* フライパンにごま油を熱して*1*を炒め、全体に油がまわったら残りの材料を加えて煮汁がなくなるまで炒める。

ごはんにかけたり、冷奴にかけたり、いろいろ使えて便利な一品。

Memo　大根の葉っぱもおかずになる
ちりめんじゃこや桜えびを入れてもおいしいです。セロリの葉でもつくれます。

根菜の和風みそ煮

保存 冷蔵5日

> なかなか食べる機会が減ってきた根菜も、これならどんどんいけちゃいます。冷やしたまま食べてもおいしいです。

材料（保存容器1個分）
れんこん 200g、ごぼう 1本、こんにゃく 1枚、にんじん 1/2本、サラダ油 大さじ1、**A**［水 400ml、和風だし（顆粒）小さじ2、砂糖 大さじ2、酒 大さじ1、鷹の爪 適量］、**B**［しょうゆ 大さじ1、みそ 大さじ2、みりん 大さじ1］

Memo 煮物は常備菜にうってつけ
煮物はいったん冷やすことで味がしっかりしみ込むので、常備菜に最適。時間がつくるおいしさがありますよ。

つくり方
1 根菜は皮をむき食べやすい大きさに切る。れんこんとごぼうは酢水につけてアクを取る。こんにゃくは食べやすい大きさに切って下ゆでする。*2* 鍋にサラダ油を熱し、*1* を炒める。油がまわったら**A**の材料を入れ沸騰させ、アクを取りながら15～20分煮る。*3* *2* に**B**の材料を加えて弱火でさらに15分煮る。煮汁が1/3くらいになるまで煮詰めたら火を止める。

リメイク自在！ 肉&練り物の常備菜

牛肉のしぐれ煮

保存 冷蔵 5日

材料（保存容器1個分）
A［酒 大さじ4、砂糖 大さじ2、みりん 大さじ1、しょうゆ 大さじ2］、しょうが 1/2かけ、牛こま肉 200g

つくり方
1 フライパンに**A**の材料、せん切りにしたしょうがを入れて煮立たせる。*2* *1*へ牛肉を入れて菜箸でほぐしながら、弱火で煮からめる。*3* 汁がほとんどなくなってつやがでたら火を止める。

Memo　しょうがを強めに
日持ちさせたいので、少ししょうがを強めにきかせています。甘辛い煮汁で煮詰めるだけなのでカンタンですよ。

おかずとしてはもちろん、おつまみやごはんのおともに、うどんの具に、あるとうれしい一品です。

じゃことちくわとピーマンのきんぴら

保存 冷蔵 3日

材料（保存容器1個分）
ピーマン 5個、ちくわ 3本、ちりめんじゃこ 15g、ごま油 小さじ1、だししょうゆ 大さじ1、いりごま 適量

つくり方
1 ピーマンとちくわを細切りにしてごま油をまぶす。耐熱容器に入れてラップをし、電子レンジで3分加熱する。*2* だししょうゆを混ぜ合わせ、ちりめんじゃこを加え、いりごまをふる。

Memo　味つけはだししょうゆだけ
ちくわからいいだしがでるので、だししょうゆだけでおいしい！　しかも電子レンジでつくれるんです。

ちくわとピーマンの太さをなるべく揃えたほうが、見た目がきれいです。ちりめんじゃこなしでシンプルに仕上げても。

肉そぼろ

保存 冷蔵 5日

材料（保存容器1個分）
豚ひき肉 200g、酒 大さじ1、砂糖 大さじ1、しょうゆ 大さじ2弱、コチュジャン 小さじ1、にんにく（すりおろし）小さじ1/2

つくり方
1 フライパンに材料と調味料をすべて入れ、煮汁がなくなるまで炒る。

Memo コチュジャンがかくし味
小さじ1程度なので、辛すぎない味つけです。ピリ辛が苦手なパパさんもモリモリ食べてますよ。

お好みで最後にごま油を入れても。そぼろごはんはもちろん、オムレツやじゃがいもに混ぜてコロッケにしたりします。

ゆで豚と野菜のつくりおきサラダ

保存 冷蔵 4日

材料（保存容器1個分）
豚モモ薄切り 150〜200g、オクラ 10本、大根 5cm、**A**［しょうゆ 大さじ3、酢 大さじ3、砂糖 大さじ1、豆板醤 小さじ1、ごま油 大さじ1、ラー油 小さじ1/2］

つくり方
1 Aを混ぜ合わせておく。*2* 豚肉をしゃぶしゃぶのようにゆでる。オクラはガクを取ってサッとゆで、斜め半分に切る。大根は薄いいちょう切りにする。*3* すべての材料を*1*に漬ける。

Memo 時々上下にひっくり返す
全体に味がしみわたるように、時々、具材を上下にひっくり返してくださいね。

ピリ辛な中華味が、ごはんにもビールにも合いますよ。冷やして食べるとおいしいです。

基本の味つけだけで！ ナムル4種類

なすのナムル

保存 冷蔵 2日

材料（保存容器1個分）
なす 2本、A [塩 小さじ1/3、鶏ガラスープ（顆粒）小さじ1/2、ごま油 大さじ1/2、にんにく（すりおろし）小さじ1/3、すりごま 小さじ2]

つくり方
1 なすを薄切りにしてひとつまみの塩（分量外）をふり、アクがでたら水でさっと洗い、水けをしぼる。2 Aの調味料を混ぜて1にまわしかけ、手でやさしくもみ込む。

+からし でもっとおいしい！

MEMO なすは生のままあえます
通常ナムルはゆで野菜でつくりますが、なすはゆでるとうま味が抜けるので生のまま調理します。

アク抜きしたなすはさっと水で洗うと皮の紫色がきれいにでて、仕上がりがきれい。からしを添えてもおいしいです。

大根のナムル

保存 冷蔵 3日

+七味唐辛子 でもっとおいしい！

材料（保存容器1個分）
大根 6cm、A [塩 小さじ1/3、鶏ガラスープ（顆粒）小さじ1/2、ごま油 大さじ1/2、にんにく（すりおろし）小さじ1/3、すりごま 小さじ2]

つくり方
1 大根は皮をむいて3cm長さに切ってから、たんざく切りにする。ひとつまみの塩（分量外）をふり、でてきた水分をしぼる。2 1とAを混ぜ合わせる。

MEMO もみながら混ぜる
手でやさしくもみながら混ぜると、大根の余分な水分が抜け、味がしみ込みやすくなります。

七味をかけてもおいしいです。ナムルの味つけは、鶏ガラスープ、ごま油、にんにくなどがベース。基本の味つけを覚えると、いろんな野菜に応用できますよ。

118

小松菜のナムル

保存 冷蔵 2〜3日

基本の味つけ

材料（保存容器1個分）
小松菜 1袋、**A**［塩 小さじ1/2、鶏ガラスープ（顆粒）小さじ1、ごま油 大さじ1、にんにく（すりおろし）小さじ1/2、すりごま 大さじ1］

つくり方
1. 鍋に湯を沸かして塩ひとつまみ（分量外）を入れ、小松菜をさっとゆでる。2. 小松菜の色が変わったらざるにあげて自然に冷まし、4cm長さに切って水けをよくしぼる。3. **A**の材料と小松菜を手でもみ込んで混ぜ合わせる。

Memo　小松菜はしっかりしぼる
葉物野菜はゆで汁をたっぷり含んでいます。調味料の味が薄まるので、きつめにしぼってくださいね。

鮮度が落ちやすい葉物野菜はナムルにして保存。肉そぼろ（P117参照）や煮玉子（P64参照）と一緒にごはんの上にのせた丼は我が家の定番です。

もやしのナムル

保存 冷蔵 2日

＋ラー油でもっとおいしい！

材料（保存容器1個分）
もやし 1袋、**A**［塩 小さじ1/2、鶏ガラスープのもと（顆粒）小さじ1、ごま油 大さじ1、にんにく（すりおろし）小さじ1/2、すりごま 大さじ1］

つくり方
1. 鍋に湯を沸かして塩ひとつまみ（分量外）を入れ、もやしをさっとゆでる。2. もやしがやや透き通ったらざるにあげて自然に冷まし、水けをよくしぼる。3. **A**の材料ともやしを手でもみ込んで混ぜ合わせる。

もやし自体の味が淡白なので、ラー油で辛味をきかせてもOK。ラーメンのトッピングにもなります。

Memo　ナムルはゆで加減がキモ
ナムルのおいしさは、ゆで加減しだいといってもいいほど。もやしが透き通ったらすぐにざるにあげましょう！

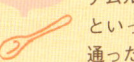

みんな大好き！ いも系常備菜

さつまいもの そぼろ煮

保存 冷蔵 4日

材料（保存容器1個分）
豚ひき肉 150ｇ、さつまいも 大1本、**A**［水 200ml、砂糖大さじ2、みりん 大さじ1、酒 大さじ1、しょうゆ 大さじ3、しょうが（すりおろし）小さじ1/2］

つくり方
1 さつまいもを乱切りにし、水に浸してアクを取る。2 **A**を火にかけ、沸騰したらひき肉を入れてほぐす。でてきたアクは取る。3 **2**にさつまいもを入れて、ふたをして弱火で15分〜20分煮る。

Memo　さつまいものアクは取って
じつはさつまいもにもけっこうアクがあります。水に浸してアクを取ったほうが、仕上がりに雑味がありません。

食べきれないときは、さつまいもをつぶしてコロッケにリメイクすることも。肉といもなので、そのままコロッケの具になるんです。

マッシュポテト

保存 冷蔵 2〜3日

材料（保存容器1個分）
じゃがいも（男爵いも）中4個、牛乳 100ml、バター 10ｇ、塩・こしょう 少々

つくり方
1 じゃがいもは皮をむき、水（分量外）と一緒に鍋に入れてゆでる。菜箸がすっと通るようになったら火を止めてお湯を捨て、じゃがいもをマッシャーかフォークの背でよくつぶす。2 牛乳とバターを入れ、弱火でなめらかになるまで練る。塩・こしょうで味をととのえる。

Memo　舌触りなめらかな男爵がおススメ
男爵いもを使うとつぶしやすく、なめらかにできます。

肉料理などつけあわせにも便利。とろけるチーズと一緒にパンにのせてピザ風にしてもおいしいですよ。

デリ風かぼちゃサラダ

保存 冷蔵 2〜3日

材料（保存容器1個分）
かぼちゃ 1/4個、マヨネーズ 大さじ3、アーモンド 適量、レーズン 適量、クリームチーズ（個包装）2個、アーモンドスライス 適量

つくり方
1 かぼちゃは皮をところどころ残してむき、ひと口大に切る。耐熱容器に入れてラップをし、電子レンジで5分加熱する。*2* かぼちゃをマッシャーかフォークの背で粗くつぶし、マヨネーズ、粗めに砕いたアーモンドとレーズンを加えて混ぜ合わせる。*3* 1cm角に切ったクリームチーズを混ぜ合わせ、上からアーモンドスライスをかける。

やわらかめが好きな方は、牛乳を加えてお好みに調整してくださいね。一晩寝かせるとより味がなじみますよ。

Memo かぼちゃはあえて粗くつぶす
クリームチーズやアーモンドとのバランスの結果、かぼちゃのごろっと感があったほうがおいしいことを発見。

揚げじゃが

保存 冷蔵 4日

材料（保存容器1個分）
じゃがいも 中4個、玉ねぎ 1/2個、サラダ油 大さじ1、**A**［水200ml、和風だし（顆粒）小さじ2、砂糖 大さじ2、みりん 大さじ1、酒 大さじ1、しょうゆ 大さじ3］、油揚げ 1枚

つくり方
1 じゃがいもは食べやすい大きさに切り、水にさらしてアクを取る。玉ねぎはくし切り、油揚げは食べやすい大きさに切る。*2* 鍋にサラダ油をひき、じゃがいもと玉ねぎを炒める。*3* 全体に油がまわったら**A**の材料と油揚げを加え、煮汁がほぼなくなるまで煮る。

Memo 油揚げでコク出し
薄揚げからいいコクがでるので、お肉なしでも十分なおいしさ。お肉を使うよりも低カロリーですよ。

じゃがいもと玉ねぎは煮る前に炒めておきます。このひと手間で味わいが全然違います。

おわりに　やっぱり料理は、くり返しつくっておいしくなる

料理は親の手伝いで覚えました。基礎の味つけや、つくり方を覚えたら、自分でもつくってみました。

はじめは何度も失敗しましたが、くり返しつくっていれば、できるようになるものです。自然と応用もきくようになりました。すると、料理がもっともっと楽しくなりました。

本を読んでいただいて、いかがだったでしょうか？

本書のレシピは、その食材や調味料がなければできない、というものではありません。オーソドックスな家庭料理ばかりですし、「指定の食材がなかったから、代わりにこっちを入れてみた」でも十分おいしくできるはず。

ぜひ本書を活用いただき、それぞれの「我が家の味」を見つけていただけるとうれしいです。

最後に、ブログを見てくださっている読者のみなさんへ。

日々の記録用になんとなくはじめたブログでしたが、みなさんのおかげで、こうして1冊の本にまとめることができました。篤く感謝申し上げます。

モモ母さん

素材別 さくいん

野菜・いも・果物

青じそ
- 和風そぼろごはん … 15
- 鶏飯 … 45
- れんこん餅 … 62
- 鶏の照り焼き丼 … 77

青ねぎ
- さわらのホイル焼き … 92

えのきたけ
- ちくわのごった煮 … 10
- 鶏じゃが … 23

いんげん
- アボカドのソテー … 100
- 丸ごとアボカドののり納豆のせ … 106

アボカド
- なめたけと枝豆のおろしあえ … 100

枝豆
- さばのカリカリ焼きに自家製梅ドレッシング … 74
- 鶏ひき肉と豆腐のハンバーグ … 88

大葉

- はんぺん焼き … 98
- なすのバターポン酢 … 106

オクラ
- 夏のおでん … 20
- ゆで豚と野菜のつくりおきサラダ … 117

柿
- 白菜と柿のサラダ … 104

かぶ
- ピクルス … 37

かぼちゃ
- デリ風かぼちゃサラダ … 13
- なすと野菜の揚げ浸し … 121

キャベツ
- 塩ポトフ … 36
- 豚バラ肉でモツ鍋風 … 71
- めんつゆでつくるロールキャベツ … 76
- うま塩キャベツ … 96

きゅうり
- ピクルス … 37
- ポテトサラダ … 40
- ジャージャー麺 … 46
- タコときゅうり、みょうがの和風マリネ … 56
- スープも楽しめるバンバンジー … 62

- フライパンでつくるすき煮 … 9
- 豚肉と厚揚げのピリ辛みそ炒め … 68

しめじ
- めんつゆでつくるロールキャベツ … 76
- ちくわのごった煮 … 10
- 鶏じゃが … 23

さやいんげん
- さつまいものそぼろ煮 … 20
- さといものクリームシチュー … 36
- 塩ポトフ … 36
- 夏のおでん … 20

さといも
- 塩ポトフ … 50

さつまいも
- 小松菜とトマトのひき肉カレー … 80
- 小松菜のナムル … 119

小松菜
- 根菜の和風みそ煮 … 115

ごぼう
- コロコロサラダ … 104
- 長いも、きゅうり、みょうがの … 102
- きゅうりとクリームチーズの生ハム巻き … 98
- いかときゅうりの中華炒め … 84

- チキンのトマト煮 … 32
- 煮込みハンバーグ … 48
- さといものクリームシチュー … 50
- さわらのホイル焼き … 92

じゃがいも
- 鶏じゃが … 10
- ポテトサラダ … 40
- コンソメ味のホットポテトサラダ … 41
- マッシュポテト … 120
- 揚げじゃが … 121

ししとう
- なすと野菜の揚げ浸し … 13

春菊
- フライパンでつくるすき煮 … 9

ズッキーニ
- 塩ポトフ … 36
- ピクルス … 37
- ズッキーニのひらひらサラダ … 96
- 汁も飲めるラタトゥイユ … 114

セロリ
- キラキラ野菜のスープ … 26
- 塩ポトフ … 36
- セロリの洋風ひらひら漬け … 112
- 汁も飲めるラタトゥイユ … 114

123

大根
- 大根と豚こまの煮物 … 22
- 鶏ひき肉と豆腐のハンバーグ … 29
- 大根のみぞれそぼろごはん … 61
- 牛肉と大根のスープ … 74
- 鶏ひき肉と豆腐のハンバーグ … 100
- ほたてと枝豆と大根のサラダ … 100
- 大根の甘酢漬け … 102
- ゆで豚と野菜のつくりおきサラダ … 112
- ゆず茶と大根のおろしあえ … 117
- なめたけと大根のサラダ … 118
- 大根のナムル … 74

大根の葉
- 大根の葉っぱのふりかけ … 114

玉ねぎ
- フライパンでつくるすき煮 … 9
- 鶏じゃが … 10
- ひよこ豆のポタージュ … 25
- チキンのトマト煮 … 32
- でっかいミートボールシチュー … 34
- 自家製トマトソース … 34
- 塩ポトフ … 36
- ビーフシチュー … 38
- コンソメ味のホットポテトサラダ … 41
- 煮込みハンバーグ … 48
- さといもクリームシチュー … 50
- サーモンマリネ … 55
- ししゃものマリネ … 56
- がっつり焼肉丼 … 70
- 牛肉と新玉ねぎの洋風煮込み … 72

ちんげん菜
- ちんげん菜と干しえびの中華炒め … 28

冬瓜
- 夏のおでん … 20

トマト
- 夏のおでん … 20
- キラキラ野菜のスープ … 26
- 自家製トマトソース … 34
- ジャージャー麺 … 46
- トマトのポン酢漬け … 113
- 汁も飲めるラタトゥイユ … 114

長いも
- 長いもキムチ … 98
- もずくとラディッシュのサラダ … 102

チキンナゲット … 73
- 鶏ひき肉と豆腐のハンバーグ … 74
- めんつゆでつくるロールキャベツ … 76
- 和風そぼろごはん … 78
- 煮てつくるピーマンの肉詰め … 80
- たらのタルタルソース焼き … 85
- 鮭の南蛮漬け … 90
- いかの粒マスタードサラダ … 91
- 小松菜とトマトのひき肉カレー … 100
- 豆腐の玉ねぎ冷奴 … 114
- 汁も飲めるラタトゥイユ … 121
- 揚げじゃが … 74

なす
- なすと野菜の揚げ浸し … 13
- 鶏の照り焼き丼 … 15
- 手羽元と丸ごとなすの煮物 … 66
- がっつり焼肉丼 … 70
- 和風そぼろごはん … 77
- なすのバターポン酢 … 98
- 汁も飲めるラタトゥイユ … 114
- なすのナムル … 118

にら
- 豚肉とにらのくるくる巻き … 16
- ささみとにらの塩炒め … 43
- 豚バラ肉でモツ鍋風 … 71

にんじん
- 鶏じゃが … 10
- ちくわのごった煮 … 23
- 塩ポトフ … 36

長ねぎ
- フライパンでつくるすき煮 … 9
- にんじんとツナの炊飯器ピラフ … 46
- スープも楽しめるバンバンジー … 62
- 豚肉と厚揚げのピリ辛みそ炒め … 68
- さわらのホイル焼き … 92
- 長ねぎのごまオイスターソース漬け … 108

白菜
- 白菜と柿のサラダ … 104
- 白菜サラダ … 106

パプリカ
- なすと野菜の揚げ浸し … 13
- 鶏の照り焼き丼 … 15
- キラキラ野菜のスープ … 26
- でっかいミートボールシチュー … 34
- ピクルス … 37
- 豚肉とパプリカのオイスター炒め … 44
- パプリカのマリネ … 55
- 牛肉と新玉ねぎの洋風煮込み … 72
- 鮭の南蛮漬け … 77
- 和風そぼろごはん … 90
- パプリカとウインナーのオイマヨ炒め … 108

長いも、きゅうり、みょうがのピクルス … 37
- ビーフシチュー … 38
- コンソメ味のホットポテトサラダ … 41
- さといものクリームシチュー … 48
- 煮込みハンバーグ … 50
- めんつゆでつくるロールキャベツ … 52
- ししゃものマリネ … 56
- にんじんとツナラー油あえ … 76
- いかの粒マスタードサラダ … 85
- にんじんのツナラー油あえ … 104
- セロリの洋風ひらひら漬け … 112
- 根菜の和風みそ煮 … 115

コロコロサラダ … 104
はんぺん焼き … 106

124

ブロッコリー
- さといものクリームシチュー … 114
- 汁も飲めるラタトゥイユ … 114

ピーマン
- チキンのトマト煮 … 32
- でっかいミートボールシチュー … 34
- にんじんとツナの炊飯器ピラフ … 52
- がっつり焼肉丼 … 70
- 煮てつくるピーマンの肉詰め … 78
- いかの粒マスタードサラダ … 85
- 鮭の南蛮漬け … 90
- ピーマンの塩昆布あえ … 98
- じゃこちくわとピーマンのきんぴら … 116

ミニトマト
- 小松菜とトマトのひき肉カレー … 80
- プチトマトはちみつレモン … 113

みょうが
- タコときゅうり、みょうがの和風マリネ … 56
- 鶏飯 … 62
- 牛肉と新玉ねぎの洋風煮込み(牛こま肉) … 88
- 自家製梅ドレッシングで長いも、きゅうり、みょうがのコロコロサラダ … 104
- トマトのポン酢漬け … 113

肉類

牛肉
- フライパンでつくるすき煮 … 9
- ビーフシチュー(牛シチュー用) … 38
- 煮込みハンバーグ(牛ひき肉) … 48
- 牛肉と大根のスープ … 61
- 牛肉と豚のしょうが焼き(肩かたまり肉かシチュー用) … 70
- がっつり焼肉丼(焼肉用) … 70
- 牛肉と新玉ねぎの洋風煮込み(牛こま肉) … 72
- 牛肉のしぐれ煮(こま肉など) … 116
- さつまいもそぼろ煮(牛ひき肉) … 120

れんこん
- れんこん餅 … 45
- 根菜の和風みそ煮 … 115

レタス
- サーモンロール … 104

ラディッシュ
- もずくとラディッシュのサラダ … 102

モロッコいんげん
- モロッコいんげんの黒ごまあえ … 96

もやし
- 豚バラ肉でモツ鍋風もやしのナムル … 119
- 豚肉とにらのくるくる巻き(豚ロース肉) … 71

豚肉
- 豚のしょうが焼き(豚ロース肉) … 12
- 豚肉とにらのくるくる巻き(豚ロース肉) … 16
- 大根と豚こまの煮物(豚こま肉) … 22
- 豚肉とパプリカのオイスター炒め(豚こま肉) … 44
- ジャージャー麺(豚ひき肉) … 46
- 豆腐の肉みそあんかけ(豚ひき肉) … 46
- チャーシュー&煮卵 … 64
- 豚肉と厚揚げのピリ辛みそ炒め(豚ロース肉) … 67
- やわらかトンテキ(豚ロース肉) … 68
- 豚肩ロース … 71
- 豚バラ肉でモツ鍋風(豚バラ肉) … 71
- 和風そぼろごはん(豚ひき肉) … 77
- 豚そぼろ(豚ひき肉) … 117
- ゆで豚と野菜のつくりおきサラダ(切り落とし) … 117

鶏肉
- 鶏じゃが(鶏もも肉) … 10
- 鶏の照り焼き丼(鶏もも肉) … 15
- 名古屋風鶏手羽中のから揚げ(鶏手羽中) … 17
- ちくわのごった煮(鶏もも肉) … 23
- チキンのトマト煮(鶏もも肉) … 32
- でっかいミートボールシチュー(鶏もも肉) … 34
- ささみとにらの塩炒め(鶏ささみ) … 43
- 鶏そぼろ … 117

合いびき肉
- さといものクリームシチュー(鶏むね肉) … 50
- スープも楽しめるバンバンジー(鶏むね肉) … 62
- 鶏飯(鶏むね肉) … 62
- 手羽元と丸ごとなすの煮物 … 66
- ミラノ風カツレツ(鶏ささみ) … 69
- チキンナゲット(鶏むね肉) … 73
- 鶏ひき肉と豆腐のハンバーグ(鶏ひき肉) … 74
- めんつゆでつくるロールキャベツ(合いびき肉) … 76
- 煮てつくるピーマンの肉詰め(合いびき肉) … 78
- 小松菜とトマトのひき肉カレー(合いびき肉) … 80

ハム・ソーセージなど
- 塩ポトフ(ウインナー) … 36
- ポテトサラダ(ハム) … 40
- コンソメ味のホットポテトサラダ(ウインナー) … 41
- きゅうりとクリームチーズの生ハム巻き … 102
- パプリカとウインナーのオイマヨ炒め(ウインナー) … 108

125

魚介

かれいの煮つけ	10
サーモンマリネ	55
ししものマリネ	56
タコときゅうり、みょうがの和風マリネ	56
えびマヨ	83
いかときゅうりの中華炒め	84
いかの粒マスタードサラダ	85
あじフライカレー風味	87
さばのカリカリ焼きに自家製梅ドレッシング	88
鮭の南蛮漬け	90
たらのタルタルソース焼き	91
さわらのホイル焼き	92
まぐろのステーキ	93
いわしの蒲焼	94
サーモンロール	104

豆腐・大豆製品

豆腐
ちくわのごった煮	20
豚肉と厚揚げのピリ辛みそ炒め	23
夏のおでん	68

厚揚げ
お揚げさんの甘煮	19
豚バラ肉でモツ鍋風	71
薄揚げのピリ辛みそチーズ焼き	108

油揚げ

卵・乳製品

納豆
丸ごとアボカドののり納豆のせ	100

豆腐
フライパンでつくるすき煮	9
豆腐の肉みそあんかけ	46
鶏ひき肉と豆腐のハンバーグ	74
豆腐の玉ねぎ冷奴	100

卵
夏のおでん（ゆで卵）	20
鶏飯	62
チャーシュー&煮卵	64
がっつり焼肉丼（温泉卵）	70
たらのタルタルソース焼き	91
卵とちりめんじゃこのふわふわ炒り卵	106

クリームチーズ
きゅうりとクリームチーズの生ハム巻き	96
クリームチーズのアーモンドがけ	102
豆サラダ	102
サーモンロール	104
デリ風かぼちゃサラダ	121

缶詰、練り物、乾物

缶詰
ひよこ豆のポタージュ(ひよこ豆)	25
チキンのトマト煮(トマト水煮缶)	32
でっかいミートボールシチュー(トマト水煮缶)	34
ポテトサラダ（コーン缶）	40
にんじんとツナの炊飯器ピラフ（ツナ缶）	52
小松菜とトマトのひき肉カレー（トマト水煮缶）	80
豆サラダ（ミックスビーンズ）	102
ほたてと大根のサラダほたて缶	102
にんじんのツナラー油あえ（ツナ缶）	104
汁も飲めるラタトゥイユ	114

こんにゃく
ちくわのごった煮	23
根菜の和風みそ煮	115

糸こんにゃく
フライパンでつくるすき煮	9
ピーマンの塩昆布あえ	98

塩昆布

ちくわ
夏のおでん	20

ちりめんじゃこ
ちくわのごった煮	23
じゃことちくわとピーマンのきんぴら	116
れんこん餅	45
卵とちりめんじゃこのふわふわ炒り卵	106
大根の葉っぱのふりかけ	114
じゃことちくわとピーマンのきんぴら	116

なめたけ
なめたけと枝豆のおろしあえ	100

のり
長いもキムチ	98
丸ごとアボカドののり納豆のせ	100
薄揚げのピリ辛みそチーズ焼き	108

はんぺん
はんぺん焼き	106

干しえび
大根のみぞれスープ	29
ちんげん菜と干しえびの中華炒め	28
はんぺん焼き	106

もずく酢
もずくとラディッシュのサラダ	102

揚げじゃが … 121

モモ母さん（小塚百合香）

大阪府在住、アラフィフ主婦。
2011年よりブログを開設。日々の献立とレシピを温かみのある写真とともに掲載したところ、「もっと作り方を教えてほしい！」「手抜きに見えないのに簡単そう！」とたちまち話題に。「何度もつくりたくなる味」は評判に評判を呼び、にほんブログ村おうちごはんランキングでは1位を獲得、amebaブログの総合ランキングでもつねに上位にランクインするほどの人気。
「モモ母さん」の名前は、愛犬のマルチーズ「モモ」から。現在は食いしん坊の夫「パパさん」と愛犬との暮らしだが、ふたりの愛娘はそれぞれ新しい家族を迎え、最近は孫にも癒される日々。そんなほのぼのとした家族の日常にもファンが多い。

ブログ 「毎日笑顔で過ごしたい」
http://ameblo.jp/4enjoylife/

撮影 ／ 梶原英輔（第1〜4章）、小塚百合香（第5〜6章）
スタイリング・料理製作 ／ 廣松真理子、佐々木のぞ美、神田賀子
カバーデザイン ／ mocha design
本文デザイン ／ 岡崎理恵
DTP ／ 河野好美
撮影協力 ／ UTUWA、うつわ謙心

家ごはんをおいしくする
スプーン1杯の魔法

2016年 3月18日 初版第1刷発行
2020年 8月30日　　第6刷発行

著　者　モモ母さん

発行者　川金正法
発　行　株式会社KADOKAWA
〒102-8177　東京都千代田区富士見2-13-3
TEL：0570-002-301（カスタマーサポート・ナビダイヤル）
年末年始を除く平日11：00～17：00
印刷・製本　図書印刷株式会社
ISBN 978-4-04-068199-3　C0077
©Momo kasan 2016
Printed in Japan
http://www.kadokawa.co.jp/

＊本書の無断複製（コピー、スキャン、デジタル化等）並びに無断複製物の譲渡及び配信は、著作権法上での例外を除き禁じられています。また、本書を代行業者などの第三者に依頼して複製する行為は、たとえ個人や家庭内での利用であっても一切認められておりません。
＊定価はカバーに表示してあります。
＊乱丁本・落丁本は送料小社負担にてお取替えいたします。KADOKAWA読者係までご連絡ください。（古書店で購入したものについては、お取替えできません。）
電話：049-259-1100（9：00～17：00／土日、祝日、年末年始を除く）
〒354-0041　埼玉県入間郡三芳町藤久保550-1